0~2세 수면 습관의 힘

두뇌, 면역력, 자기 조절력이 쑥쑥 자라는

0~2세 수면 습관의 힘

김주하 지음

프롤로그

원리를 알면 불안은 줄고 자신감은 커집니다

저는 아이의 수면 문제로 지친 부모님들을 매일같이 만나고 있습니다. 힘든 밤이 반복되면, 부모는 결국 자신을 탓하게 됩니다. 하지만 그 누구의 잘못도 아닙니다. 우리는 누구에게도 '아기를 재우는 법'에 대해 제대로 배운 적이 없거든요.

전 세계 대부분의 문화권에서는 오랫동안 아기를 품에 안고 젖을 물리며 재우는 것이 자연스러운 방식이었습니다. 한국도 역시 예외는 아니었습니다. 아이의 수면을 과학적으로 접근하려는 시도는 세계적으로도 그 역사가 길지 않습니다. 실제로 영유아 수면에 대한 과학적 연구와 가이드가 본격화된 것은 아직 한 세대도 채 되지 않았습니다.

한국에서는 수면 교육이 이제 막 현실 육아의 일부로 자리 잡기 시작한 단계입니다. 그래서 우리에게는 아직 세계적인 연구와 가이드를 직접 경험하고 체화해본 적이 없습니다. 반면에 미디어를 통해 쏟아지는 수면 정보는 이미 넘쳐납니다. 지금 우리는 넘치는 정보를 처음으로 실제 상황에서 적용하고, 시행착오를 겪으며 몸으로 익혀가는 첫 번째 세대의 엄마들입니다. 그래서 어렵고 막막하게 느껴지는 것이 너무나 당연합니다. 누구도 걸어본 적 없는 길을 우리가 처음 걷고 있으니까요.

'수면 교육'은 아이에게 자는 법을 가르쳐주는 훈련이 아닙니다. 아이의 리듬과 욕구를 이해하고, 그 흐름에 맞춰 함께 살아가는 과정입니다. '아이가 언제 졸린지, 어떤 환경에서 편안히 잠들 수 있는지, 울음을 통해 무엇을 말하고 있는지를 알아차리는 것'이 수면 교육의 시작입니다.

처음 수면 교육을 시작할 때는 어디서부터 어떻게 해야 할지 막막하게 느껴질 수 있습니다. 그러나 수면의 원리를 이해하게 되면, 그동안 헷갈리기만 했던 아이의 신호들이 하나둘 읽히기 시작합니다. 그 과정에서 엄마로서의 감각이 자라고, 잃었던 자신감도 조금씩 되살아납니다.

이 책은 아이의 수면 문제로 인한 걱정과 혼란을 덜어주고, 아이의 리듬을 더 잘 이해하며, 일상을 안정적으로 이끄는 데 도움이 되도록 집필했습니다. 이를 통해 부모는 다음과 같은 3가지 변화를 경험하게 될 것입니다.

첫째, 수면과 육아에 대한 막연한 불안이 줄어듭니다.

많은 엄마들이 아이가 자주 깨거나 낮잠을 짧게 자는 이유를 알지 못해 불안해하고, 어떻게 도와줘야 할지 몰라 혼란스러워합니다. 하지만 아이의 발달 단계와 수면리듬에 대한 원리를 이해하면 '지금 이 상황이 이상한 게 아니라 자연스러운 흐름이구나'라는 것을 알고 안도할 수 있습니다. 아이의 수면을 이해할수록 불안은 줄고, 육아에 대한 확신이 커집니다.

둘째, 남의 루틴이 아닌, 내 아이의 흐름에 맞춘 수면 리듬을 만들게 됩니다.

많은 엄마들이 온라인에서 본 루틴이나 성공 사례를 그대로 따라 해보지만, 정작 내 아이에게는 잘 맞지 않아 혼란을 겪습니다. 같은 개월 수라도 아이마다 발달 속도가 다르고, 가정마다 환경과 생활 리듬이 다르기 때문입니다.

이 책은 단순히 방법만 제시하는 것이 아니라 개월 수에 따른 깨어 있는 시간, 수면주기, 하루 흐름의 구조 같은 구체적인 기준을 함께 설명합니다. 또한 그 기준이 왜 필요한지, 어떤 원리에 기반했는지도 알려줍니다. 엄마는 그 안에서 내 아이에게 맞는 방향을 선택하고 조율하는 감을 조금씩 익히게 됩니다. 중요한 것은 정답을 찾는 게 아니라, 내 아이에게 맞는 방식을 스스로 만들어갈 수 있는 감각과 자신감을 회복하는 것입니다.

셋째, 잠드는 시간이 아닌, 함께 깨어 있는 시간이 더 소중해집니다.

수면은 아이만의 문제가 아니라, 엄마와 아이가 함께 만들어가는 생활의 흐름입니다. 하루의 리듬이 안정되고 스스로 잠들 수 있게 되면 아이는 컨디션이 좋아지고, 엄마는 더 여유 있는 상태에서 아이와 마주할 수 있게 됩니다. 그래서 수면 교육 이후 많은 엄마들이 "아이와 보내는 깨어 있는 시간이 훨씬 더 소중하게 느껴진다"고 말합니다. 그만큼 더 집중해서 놀아주고, 웃어줄 수 있는 여유도 생깁니다.

수면 교육의 출발선에 선 1세대 엄마들에게 지금 꼭 필요한 방향을 전하고 싶은 마음을 이 책에 담았습니다. 분명 우리 아이들 세대에는 아이를 재우는 일이 더 쉬워질 것입니다. 우리가 직접 체화한 수면 교육은 아이들이 부모가 되었을 때 단순한 지식이 아닌 살아 있는 경험으로 전해질 것이기 때문입니다. 이 책이 그 변화의 시작이 되기를 기대합니다. 그리고 지금부터 함께 시작할 이 여정이 엄마와 아이 모두에게 더 행복한 일상을 선물할 수 있기를 바랍니다.

차례

프롤로그　원리를 알면 불안은 줄고 자신감은 커집니다　• 4

1부
아이는 왜 쉽게 잠들지 못할까?

1장 아이의 수면리듬 이해하기

01 생애 첫 2년의 수면이 중요한 이유　• 15
02 0~2세 수면의 발달 과정　• 20
03 아이의 수면리듬 이해하기　• 23
04 수면연관이란?　• 30
05 아이가 자주 깨는 이유　• 35
06 아이가 잠들 때 우는 이유　• 38
07 일반 울음 VS 잠울음　• 42
08 수면 관련 행동 언어 이해하기　• 46
09 개월 수별 깨어 있는 시간　• 59
10 최소 낮잠 시간과 최대 낮잠 시간　• 63
11 개월 수별 통잠 시간　• 67
12 세계보건기구 성장곡선 확인하기　• 73

2장 수면 교육 바로 알기

01 수면 교육은 교육이 아니다　• 81
02 수면 교육이 반드시 필요한 이유　• 84
03 수면 교육의 오해와 진실　• 88
04 수면 교육 성공의 3가지 핵심요소　• 93
05 수면 교육은 언제 시작해야 할까?　• 97
06 수면 교육의 올바른 진행순서　• 101

2부
실전에서 통하는 수면 교육 로드맵

3장 [1~2단계] 수면 환경 세팅
01 엄마의 준비 · 111
02 편안한 잠을 위한 조건 10가지 · 116
03 수면 루틴 만들기 · 129
04 기상 루틴 만들기 · 132

4장 [3단계] 아이에게 맞는 하루 일과 만들기
01 기상, 취침 시간 설정하기 · 139
02 먹놀잠 리듬 만들기 · 144
03 개월 수별 하루 일과표 예시 · 151

5장 [4단계] 스스로 잠들기 연습
01 스스로 잠들기란? · 203
02 스스로 잠들기 연습 방법의 종류 · 206
03 스스로 잠들기 연습 가이드 · 210
04 낮잠 연장 가이드 · 224

6장 [5단계] 통잠 늘리기 연습
01 통잠의 조건과 방해 요인 극복하기 · 231

7장 스스로 잠들기 연습하는 하루 24시
01 4개월 아이의 하루 일과 예시 · 239

3부
수면 습관 이어가기

8장 돌발 상황 대처방법

01 쪽쪽이 셔틀 해결방법	• 265
02 이른 기상 해결방법	• 271
03 뒤집기 지옥 대처방법	• 278
04 서기 지옥 대처방법	• 285
05 아플 때 수면 교육	• 290
06 해외여행 시 수면 교육	• 295

9장 부모가 흔들릴 때 필요한 마음 가이드

01 수면 교육이 힘겨울 때 기억해야 할 것들	• 301

― 1부 ―

아이는 왜 쉽게 잠들지 못할까?

아이의 수면리듬 이해하기

01

생애 첫 2년의 수면이 중요한 이유

"아이가 밤잠을 너무 자주 깨요."
"낮잠이 들쭉날쭉해서 하루가 엉망이에요."
"이게 정상인지, 제가 뭘 잘못하고 있는 건지 모르겠어요."

아이를 키우는 많은 엄마(여기서 엄마는 주 양육자를 의미합니다)들이 생애 첫 2년 동안 가장 자주 겪는 어려움 중 하나가 바로 '수면'입니다. 밤잠을 자주 깨거나, 낮잠의 패턴이 불안정하면 아이도 엄마도 쉽게 지치게 됩니다. 하지만 이 시기의 수면 문제는 단순한 피로의 문제가 아닙니다. 수면은 아이의 발달 전반과 직결되는 핵심 요소입니다.

1. 수면은 단순한 휴식이 아닙니다.

태어난 직후 아이들은 하루 16~20시간 정도를 자며 대부분의 시간을 잠으로 보냅니다. 이렇게 긴 시간 잠을 자는 이유는 단지 몸을 쉬게 하려는 게 아니라 성장하고 발달을 하기 위해서입니다.

아이가 잠든 사이, 뇌는 낮에 받은 수많은 자극을 정리하고 연결합니다. 엄마의 얼굴을 보고 웃은 경험, 장난감을 흔들었을 때 손에 느껴졌던 감각, 낮 동안 들었던 소리 등은 자는 동안 정리되어 기억으로 저장되고, 뇌의 회로는 점점 정교해집니다. 이 과정을 통해 아이는 세상을 배우고 이해하는 능력의 기초를 다져갑니다.

또한 깊은 수면 중에는 성장호르몬이 분비되고, 세포가 회복되며, 면역 기능도 활발히 작동합니다. 아이가 감기에 걸리거나 컨디션이 좋지 않을 때 더 많이 자는 것도 이 때문입니다. 몸이 스스로 회복하려면 충분한 수면이 반드시 필요하거든요.

2. 수면은 하루 리듬의 일부입니다.

겉보기에는 아이가 활동하는 시간과 잠자는 시간이 서로 나뉘어 있는 것처럼 보이지만, 실제로 이 둘은 하나로 이어진 흐름입니다. 마치 숨을 들이쉬고 내쉬는 것처럼 낮 동안의 경험과 상호 작용, 정서적 반응이 고스란히 수면의 질에 영향을 줍니다.

예를 들어 낮 동안 아이와 얼마나 자주 눈을 마주치고 말을 건네며 스킨십을 나눴는지, 아이가 표정과 행동으로 피로를 표현했을 때 엄마가 그것을 알아차리고 어떤 방식으로 반응했는지 등 일상속 작은 상호 작용이 쌓여 '수면'이라는 결과로 연결됩니다.

  잠을 잘 못 자는 것처럼 보이는 상황도, 단순히 수면 자체의 문제가 아니라 낮 동안의 리듬과 관계 형성, 엄마의 반응 방식에 대한 점검이 먼저 필요한 경우가 많습니다. 수면은 독립적인 영역이 아니라, 하루 전체와 엄마와의 관계가 만들어내는 하나의 흐름 속에 있는 과정입니다.

  따라서 아이가 수면 문제를 겪을 때 먼저 다음과 같은 질문을 던져야 합니다.

"오늘 아이와 충분히 소통했는가?"
"아이가 보내는 다양한 신호들을 잘 알아차렸는가?"
"아이의 신호를 읽고 적절하게 반응했는가?"

  아이가 보내는 신호는 모두 의미가 있지만, 그중에서도 잠과 관련된 신호는 아이의 하루 리듬을 이해하는 데 특히 중요합니다.

  대표적인 졸음 신호는 '하품, 눈 비비기, 멍한 눈빛, 몸을 느리게 움직이기, 눈 맞춤 줄이기' 등입니다. 졸음 신호들을 읽고, 적절한 환경(조도, 소리, 활동 정리 등)을 만들어주면 아이는 자연스럽게 수면 상태로 전환할 수 있습니다. 반대로 이 시점을 놓치면 아이는 과자극 상태로 접어들고, 그로 인해 오히려 수면이 어려워질 수 있습니다.

  하지만 개월 수가 늘어나면서 '심심하다'는 표현도 졸음 신호와 비슷해서 상황적 맥락을 이해하는 것이 중요합니다. 결국 잠을 잘 수 있게 도와준다는 것은 아이의 하루를 잘 이해하고, 그 흐름을 함께 만들어간다는 뜻입니다. 잠은 '재우는 일'이 아니라, 낮 동안 이어진 상호 작용 속에서 자연스럽게 이어지는 연결입니다. 엄마가 아이의 신호를 존중하고 반응하는 태도는 수면뿐만 아니라, 아이의 전반적인 발달에 있어 결정적인 역할을 하게 됩니다.

3. 수면의 기초가 평생을 만듭니다.

생애 첫 2년은 아이의 성장에서 가장 급격한 변화가 일어나는 시기입니다. 뇌의 구조가 형성되고, 신경회로가 연결되며, 외부 세계에 대한 감각과 반응이 만들어집니다. 이처럼 중요한 시기에 어떤 수면 경험을 하느냐에 따라, 아이는 앞으로 세상을 받아들이는 방식, 자기를 돌보는 방식, 감정을 조절하는 방식에 이르기까지 삶의 기본 리듬을 다르게 형성하게 됩니다.

수면은 단순히 에너지를 보충하거나 키가 크는 데만 영향을 주는 것이 아닙니다. 수면을 통해 아이는 안정감을 배우고, 스스로 조절하는 힘을 기릅니다. 잠드는 과정을 반복하며 하루를 마무리하고, 새로운 하루를 준비하는 리듬을 익히는 것이지요. 이러한 리듬은 이후 유아기, 아동기, 청소년기까지 이어지며 생활 습관, 집중력, 감정 조절력 등 전반적인 발달의 기반이 됩니다.

반대로, 이 시기에 수면의 흐름이 반복적으로 무너진다면, 아이에게 세상은 예측할 수 없고 조급하며, 불안정한 곳처럼 느껴질 수 있습니다. 이는 단순히 수면 문제에만 그치지 않고, 일상 전체의 긴장감이나 감정 기복으로 이어질 수 있습니다.

따라서 수면을 '재우는 일'로만 여기지 않고, 아이의 하루를 감싸

주는 구조이자, 발달을 준비하는 과정으로 이해하는 것이 매우 중요합니다.

  생애 첫 2년 동안 엄마가 수면을 어떻게 도와주느냐에 따라 아이의 몸과 마음은 보다 건강한 방향으로 자라납니다. 그리고 그 기초는 아이가 살아가는 전 생애에 걸쳐 안정적인 기반이 되어 줍니다.

02
0~2세 수면의 발달 과정

아이는 태어나면서 처음으로 '빛'을 경험합니다. 이 '빛'은 아이의 수면 발달을 이끄는 가장 중요한 환경 자극 중 하나입니다. 우리 몸에는 '생체시계(circadian rhythm, 서카디안 리듬)'라고 불리는 리듬이 존재하는데, 수면-각성주기, 체온 변화, 호르몬 분비 등을 조절합니다. 이 리듬을 조율하는 가장 강력한 신호가 바로 빛의 변화입니다. 낮에는 밝은 빛을 통해 깨어 있을 시간이라는 신호를 받고, 저녁에는 빛이 줄어들면서 휴식과 수면의 시간이라는 정보를 받아들이게 됩니다.

아이의 생체시계는 태어날 때부터 완전히 작동하는 것이 아니라, 생후 수개월에 걸쳐 서서히 성숙해가며 이 과정에서 빛이 결정적인 역할을 합니다. 즉, 아이의 수면리듬을 건강하게 잡아주기 위해서는 '낮에는 밝게, 밤에는 어둡게'라는 단순한 원칙을 지키는 것만으로도 큰 도움이 됩니다.

만 2세 무렵이면 성인과 유사한 리듬에 가까워집니다.

1. 밤잠과 낮잠 중 '밤잠'이 먼저 안정됩니다.

보통 3~6개월 사이에는 10~12시간의 통잠을 자는 경우가 많습니다. 반면 낮잠 패턴은 훨씬 더 느리게 발달합니다. 신생아 시기에는 짧은 주기로 먹고 자기를 반복하다가, 생후 4개월쯤 되면 낮잠이 3회로 줄고, 깨어 있는 시간은 2시간까지 늘어나게 됩니다.

6~8개월 사이에는 낮잠이 2회로 줄고, 12~18개월 사이에는 낮잠이 1회로 줄어듭니다. 이 시기 아이들은 5~6시간 이상 깨어 있을 수 있는 체력이 생기기 때문입니다.

보통 20~24개월이 지나면 낮잠이 필요 없어지는 아이들도 나타납니다. 하지만 대부분 12시간 이상 연속으로 깨어 있기에는 아직

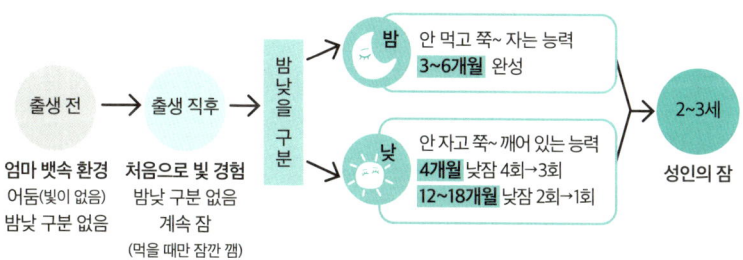

아이의 수면 발달 과정

무리가 있는 경우가 많아 만 3세까지는 낮잠을 권장합니다.

물론, 어린이집이나 공동 보육 환경에서는 일정한 생활 리듬 유지를 위해 만 4~5세까지도 낮잠을 자는 경우가 있고, 이런 경우에는 밤잠 시간이 줄어듭니다.

2. 낮잠은 왜 필요할까요?

낮잠은 단순히 피곤해서 자는 걸로 보일 수 있지만, 그 이면에는 아이의 몸과 뇌가 스스로 균형을 맞추는 생리적 과정이 숨어 있습니다. 아이가 깨어 있는 동안 뇌에는 '아데노신(adenosine)'이라는 물질이 점점 쌓이게 됩니다. 이 물질은 각성 상태를 유지하다가 일정 수준이 되면 피로감을 느끼게 하고, 수면을 유도하는 역할을 합니다. 아이가 잠들면 아데노신이 분해되면서 뇌는 다시 깨어날 준비를 하게 되고, 이후 다시 활동하면서 아데노신이 쌓이는 자연스러운 순환이 반복됩니다.

영유아 시기에는 신체와 뇌의 에너지 소비가 매우 높고, 신경계도 아직 완전히 성숙하지 않기 때문에 아데노신이 빠르게 축적됩니다. 따라서 오랜 시간 깨어 있기 어렵고, 하루 중에도 여러 번 휴식과 회복이 필요한 것입니다. 이것이 바로 아이가 낮잠을 자는 생물학적 이유입니다.

03

아이의 수면리듬 이해하기

"우리 아이는 깊게 못 자요. 뭐가 문제일까요?"
"우리 아이는 밤에 자주 깨요. 너무 예민한가요?"

많은 엄마들이 아이가 자는 모습을 보며 걱정합니다. 하지만 아이들은 원래 어른처럼 잠을 자지 않습니다. 수면주기가 짧고, 얕은 잠이 많아서 자는 도중에도 깬 것처럼 보이는 게 자연스러운 것입니다.

아이 수면이 어떻게 이루어져 있는지, 왜 자주 깨는지, '얕은 잠'은 어떤 상태인지 알아보겠습니다. 아이의 수면 구조를 제대로 알게 되면 괜한 불안은 줄고, 아이의 리듬을 믿고 기다릴 수 있는 여유도 생깁니다.

이 책에서 사용된 '얕은 잠'에 대한 용어 정리

수면 생리학적으로 볼 때 얕은 잠(non-REM수면의 N1~N2단계)과 렘(REM)수면은 서로 다른 수면 단계입니다. 하지만 이 책에서는 두 단계를 통합하여 '얕은 잠'이라는 용어로 사용하려고 합니다. 구분하는 것이 필요할 때는 N1~N2단계와 렘단계로 구분하여 사용하겠습니다. 두 수면 단계가 생리학적으로는 구분되더라도, 실제로 매우 유사한 반응들이 나타나기 때문에 구분하기보다 함께 묶어 이해하는 것이 더 현실적이기 때문입니다. 즉, 양육에서는 복잡한 구분보다 실질적인 관찰이 더 중요합니다. 예를 들어 아이가 지금 N1~N2단계인지 렘수면인지 정확히 구분하는 것보다 '지금은 얕은 잠의 단계이므로 자극에 민감하고, 다시 잠들 수 있는 상태일 수 있다'는 것을 이해하는 것이 더 실용적입니다.

앞으로 설명할 '얕은 잠'과 '렘수면'의 공통점은 다음과 같습니다.

1. 두 단계 모두 뇌 활동이 비교적 활발합니다.

깊은 수면(N3단계)에서는 외부 자극에 거의 반응하지 않지만, 얕은 잠과 렘수면에서는 뇌가 활발하게 작동하고 감각이 어느 정도 열려 있어 외부 소리나 접촉에 더 민감하게 반응합니다.

2. 엄마 입장에서 '깬 것처럼 보이는 행동'이 나타나는 구간입니다.

얕은 잠에서는 몸을 꿈틀거리거나 울음을 터뜨리고, 옹알이하거나 두리번거리는 등의 부분 각성 반응이 나타납니다. 렘수면 중에도 꿈을 꾸거나 감정 반응이 활성화되며, 아이는 짧은 울음, 얼굴 찡그림, 표정 변화 등 무의식적인 반응을 자주 보입니다. 아이가 눈을 뜨고 울거나 몸을 움직이는 모습을 보면 완전히 깬 것으로 오인하기 쉽지만, 실제로는 여전히 잠든 상태인 경우가 많습니다. 잠시 기다리면 아이가 스스로 다시 깊은 잠으로 넘어가는 경우도 자주 있습니다.

3. 작은 자극에도 완전히 깰 가능성이 높습니다.

두 단계 모두 외부 소리, 불빛, 온도 변화, 신체 불편감 등에 민감하게 반응하며, 아주 사소한 자극에도 완전히 각성할 수 있기 때문에 수면 환경이 매우 중요합니다.

1. 아이의 수면구조

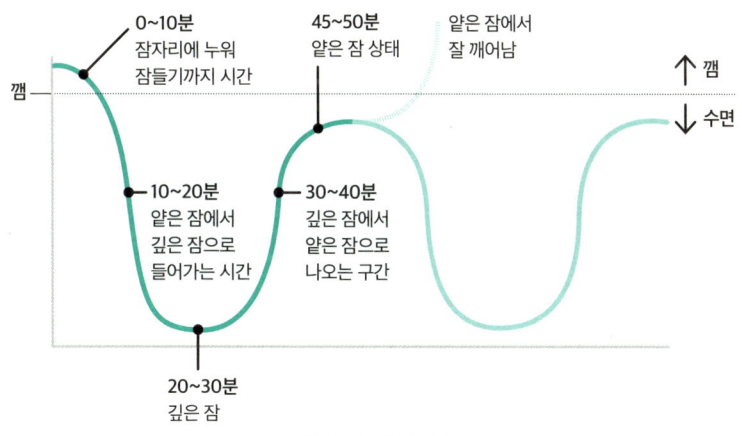

아이의 수면주기 단계

- 0~10분: 잠자리에 누워 잠들기까지 시간
- 10~20분: 얕은 잠에서 깊은 잠으로 들어가는 시간
- 20~30분: 깊은 잠
- 30~40분: 깊은 잠에서 얕은 잠으로 나오는 구간
- 45~50분: 얕은 잠 상태

2. 깊은 잠과 얕은 잠을 반복하는 이유

사람은 누구나 자는 동안 깊은 잠과 얕은 잠을 반복합니다. 이는 단순한 패턴이 아니라, 우리 뇌가 아주 오래전부터 환경에 적응해 온 생존전략입니다.

우리가 사는 환경은 안전하지만, 뇌는 여전히 '원시시대의 위협'을 기준으로 작동하는 경향이 있습니다. 고대 인류는 야생 동물, 기후, 부족 간의 갈등 등으로부터 언제든 깨어 있어야 할 필요성이 있었습니다. 그렇기 때문에 잠을 자더라도 완전히 의식을 놓지 않고, 주변을 인지하며 깨어날 준비가 되어 있는 상태가 생존에 유리했던 것입니다. 이러한 이유로 사람의 수면은 하나의 고정된 깊은 상태가 아니라, 깊은 수면과 얕은 수면이 교차하는 형태로 진화해 왔습니다.

얕은 잠 상태에서는 감각기관과 뇌가 어느 정도 깨어 있어 외부 자극에 빠르게 반응할 수 있습니다. 예를 들어 아이가 잠결에 소리에 반응하거나, 눈을 뜨고 두리번거리거나, 몸을 꿈틀거리는 것도 이러한 얕은 수면 상태에서 나타나는 정상적인 반응입니다.

3. 아이 수면의 특징

① 얕은 잠을 많이 잡니다.

아이들은 성인에 비해 수면주기가 짧고, 얕은 잠이 차지하는 비율이 높습니다. 신생아는 전체 수면 시간의 절반 이상을 렘수면에서 보내며, 비렘수면도 대부분 얕은 단계(N1~N2)에서 머무는 시간이 많습니다.

이것은 단순한 미성숙 때문이 아닙니다. 아이의 뇌는 생후 첫 1~2년 동안 가장 빠르게 성장하고, 신경망이 활발히 만들어지는 시기이기 때문에 기억을 정리하고 감각을 처리하는 기능에 중요한 렘수면이 많이 필요한 것입니다.

또한 얕은 잠에서는 외부 자극에 빠르게 반응할 수 있어, 생존에 유리한 상태를 유지하는 데에도 적합합니다. 이런 특징은 인류 진화의 관점에서 위협으로부터 신속히 반응하고 살아남을 수 있도록 설계된 생물학적 적응으로도 해석될 수 있습니다. 즉, 아이가 얕은 잠을 많이 자는 것은 단순히 수면이 불안정해서가 아니라, 발달과 생존 모두에 꼭 필요한 수면 구조이기 때문입니다.

② 얕은 잠에서는 '깬 것처럼 보이는 행동'이 나타납니다.

얕은 잠 상태의 아이들은 깨어 있는 것처럼 보이는 다양한 행동을 하기도 합니다. 눈을 뜨고 주위를 둘러보거나, 몸을 움직이고 옹알이를 하거나, 심지어 울음을 터뜨리는 경우도 있습니다. 이러한 행동 때문에 많은 엄마들이 '아이가 깼다'고 생각해 바로 아이에게 달려가지만 실제로는 여전히 수면 상태에 있는 경우가 많습니다.

사실 이런 현상은 성인에게도 나타납니다. 얕은 수면 중에 잠꼬대를 하거나, 말을 걸면 반응을 합니다. 하지만 깨어나고 나면 전혀 기억하지 못하는 경우가 많습니다. 아이도 이와 비슷하게 얕은 잠에서 외부 자극에 부분적으로 반응하다가 깊은 수면으로 다시 넘어가는 경우가 흔합니다.

　이처럼 얕은 잠에서 보이는 행동은 '깨어남'이 아닌 '일시적인 각성 반응'일 가능성이 높으며, 대부분의 경우 특별한 개입 없이도 아이가 스스로 수면을 이어갈 수 있습니다.

③ 얕은 잠에서는 쉽게 깹니다.

　아이 수면의 가장 큰 특징 중 하나는 얕은 잠에서 쉽게 깬다는 점입니다. 특히 잠에 들 때 특정 조건(엄마 품, 젖병, 안아주기 등)이 있어야만 하는 아이는 그 조건이 사라지면 수면주기가 얕아질 때마다 깨어나는 경우가 많습니다.

　아이가 얕은 잠에서 잘 깨는 이유는 다양합니다. 그중 대표적인 이유는 생물학적 요인과 환경적 요인 2가지 입니다.

　● 신경계 미완성(생물학적 요인)

　아이의 뇌는 아직 각성과 이완을 조절하는 시스템이 충분히 발달되지 않았습니다. 그래서 깊은 수면 상태를 안정적으로 유지하기가 어렵고, 작은 자극에도 쉽게 각성 반응이 일어날 수 있습니다.

　● 외부 자극과 수면연관(환경적 요인)

　주변의 소음, 불빛, 배고픔, 기저귀 젖음 같은 물리적인 요인뿐 아니라, 잠들기 위한 특정 조건(수유, 흔들기 등)이 없으면 잠들지 못하는 수면연관(수면연상)도 얕은 잠에서 각성을 유도하는 주요 원인이 됩니다.

이 2가지 요인은 완전히 분리되는 개념이라기보다는 함께 작용하면서 깨어남을 유발하는 경우가 많습니다. 신경계가 미성숙한 상태에서는 자극에 대한 민감성이 더 크기 때문에 수면 환경을 안정적으로 만들어주는 것이 특히 중요합니다.

④ 수면주기가 짧습니다.

성인의 수면주기는 평균 약 90분 정도입니다. 하지만 신생아와 영아의 경우, 한 사이클이 약 30~60분 정도에 불과합니다. 이는 성숙한 수면 구조가 아직 자리 잡히지 않은 상태이기 때문입니다.

그 결과 아이는 성인에 비해 훨씬 더 자주 얕은 잠 구간을 지나게 됩니다. 그때마다 깨어난 것처럼 보일 수 있고, 이것은 매우 자연스러운 발달 과정의 일부입니다.

이 짧은 수면주기는 생후 수개월에서 1~2년까지 점차 길어지며, 주기 간 전환이 안정되고 여러 사이클이 연결되기 시작하면, 밤잠이 길어지고 중간에 깨는 횟수도 점차 줄어듭니다.

04
수면연관이란?

"우리 아이는 빨기 욕구가 강해서 꼭 먹으면서 잠들어요."
"예민해서 꼭 안아줘야 잠을 자요."
엄마들은 아이를 재우면서 아이의 기질 때문에 스스로 잠들기 어렵겠다고 느끼는 경우가 많습니다.
하지만 사실 이런 모습들은 대부분 '수면연관'과 관련이 있습니다. 아이는 잠들기 전에 반복되는 자극이나 행동을 통해 자연스럽게 '잠드는 방식'을 익히게 됩니다. 이건 기질의 문제가 아니라, 아이가 어떤 방식에 익숙해져 있느냐의 차이입니다.
수면연관이란, 아이가 잠들기 위해 특정한 자극이나 환경, 행동을 필요로 하는 현상을 말합니다. 쉽게 말해 잠들기 전에 반복된

무언가가 '잠드는 신호'로 뇌에 각인되는 것입니다.

이 개념은 조건반사로 설명할 수 있습니다. 러시아 생리학자 파블로프(Ivan Petrovich Pavlov)의 개 실험에서 종소리와 먹이를 반복적으로 연결했더니 나중에는 종소리만 들어도 개가 침을 흘리게 된 것처럼, 특정한 조건이 반복되면 그 자극만으로도 아이의 몸은 이완 상태로 전환하며 잠들 준비를 하게 됩니다.

1. 수면연관의 작동원리

수면연관은 아이가 편안함을 느끼는 반복적인 조건을 통해 형성됩니다. 예를 들어 매일 같은 시간에 책을 읽고, 조용한 음악을 들으며, 조명을 낮추는 수면 루틴이 반복되면 아이는 '이제 잘 시간'이라고 인식하게 됩니다. 이처럼 일정한 수면 루틴을 통해 아이의 몸은 자연스럽게 이완되고, 수면 준비가 훨씬 수월해집니다.

2. 수면연관이 수면을 방해하는 경우

수면연관이 부정적으로 작용하는 경우도 있습니다. 아이 스스로 조절할 수 없는 수면연관, 즉 외부의 도움이 계속 필요한 경우입니다. 예를 들어 항상 안겨서 잠드는 습관이 생긴 아이는 혼자 잠드는 경험을 거의 하지 못하고, 밤중에 깼을 때도 다시 안겨야만 잠들 수 있게 됩니다.

처음에는 쉽게 재울 수 있는 방법이었지만 시간이 지나면서 엄마가 계속 안아서 재워야 하는 부담이 커질 수 있습니다. 뿐만 아니라, 아이도 스스로 잠을 이어갈 수 없기 때문에 잠을 통해 얻을 수 있는 엄청난 회복과 성장의 기회를 충분히 누리기 어렵습니다. 이는 단순한 수면 문제가 아니라, 아이의 전반적인 성장과 발달에 영향을 미칠 수 있는 중요한 요소가 됩니다.

또한 먹으면서 잠드는 습관이 생긴 아이는 젖병이나 엄마의 가슴을 물지 않으면 잠드는 것이 어렵게 됩니다. 이 경우, 밤중에 깰 때마다 다시 수유를 요구하게 되어 불필요한 밤중 수유가 이어질 가능성이 높습니다.

실제 배가 고픈 게 아니라, 단순히 잠을 이어가기 위해 수유가 필요한 경우라면 밤에 통잠을 자는 데 방해가 될 뿐만 아니라, 밤에 많이 먹어서 낮 수유량이 감소할 가능성이 높습니다. 이로 인해 낮과 밤의 리듬이 혼란스러워지면서 전반적인 수면 패턴이 흐트러질 수 있습니다.

3. 좋은 수면연관 vs 나쁜 수면연관

수면연관은 아이의 수면에 미치는 영향에 따라 좋은 수면연관과 나쁜 수면연관으로 나눌 수 있습니다.

좋은 수면연관

아이가 스스로 조절할 수 있는 건강한 수면연관입니다. 스스로 반복하고 유지할 수 있으며, 밤중에 깼을 때도 혼자 다시 잠들 수 있는 경우입니다.

- 손가락을 빨거나, 이불을 만지면서 잠에 드는 경우
- 수면 루틴을 통해 졸음을 유도하는 경우(책 읽기, 조용한 음악 듣기, 수면 조명 조절 등)
- 쪽쪽이를 사용하더라도 아이가 스스로 찾아 물 수 있는 경우
- 특정한 자세(옆으로 눕기, 엉덩이 들기 등)를 취하거나 뒹굴면서 잠에 드는 경우

나쁜 수면연관

수면을 방해하는 수면연관으로 외부의 도움이 없으면 잠들기 어렵거나, 얕은 잠에서 잠을 이어갈 때 엄마의 도움이 반복적으로 필요한 경우입니다.

- 안아주거나 둥가둥가를 해줘야 잠드는 경우
- 수유 없이 잠들지 못하는 경우
- 엄마가 계속 쪽쪽이를 다시 물려줘야 하는 경우
- 엄마가 잠들 때까지 토닥여주지 않으면 잠들지 못하는 경우

4. 좋은 수면연관과 나쁜 수면연관을 구분하는 기준

수면연관을 나누는 기준은 다음과 같습니다.

- 아이가 '잠들 때' 스스로 동일한 조건을 만들 수 있는가, 아니면 엄마의 도움이 필요한가?

- 아이가 '밤중에 깼을 때' 스스로 동일한 조건을 유지할 수 있는가, 아니면 엄마의 도움이 필요한가?

이 기준에 따라 아이가 스스로 조절할 수 있다면 '좋은 수면연관', 엄마의 도움이 지속적으로 필요하다면 '나쁜 수면연관'에 해당합니다.

수면연관은 아이의 수면 습관을 결정짓는 핵심요소입니다. 잠들기 위한 환경을 어떻게 만들어주느냐에 따라 아이의 수면 독립성, 수면의 질, 발달까지 영향을 줄 수 있습니다. 따라서 아이가 스스로 잠들고, 스스로 잠을 유지하는 힘을 기를 수 있도록 수면연관을 잘 설계해주는 것이 중요합니다.

05

아이가 자주 깨는 이유

"우리 아이는 왜 이렇게 자주 깰까요?"

많은 엄마들이 수면 고민을 하면서 가장 많이 묻는 질문 중 하나입니다. 밤잠을 재운 지 얼마 되지 않아 다시 깨고, 낮잠도 자주 끊기는 상황이 반복되면 엄마는 걱정부터 앞서게 됩니다.

하지만 모든 '깸'이 문제는 아닙니다. 아이의 수면 구조와 발달 과정에서 오는 자연스럽고 정상적인 깸도 있고, 개선이 필요한 깸도 있습니다.

이 둘을 구분해서 이해하면, 엄마의 불안은 줄고 대응은 훨씬 명확해집니다.

1. 자연스러운 깸: 생물학적 리듬 속의 정상 반응

수면주기가 짧고 얕은 잠이 많은 수면구조

앞서 아이의 수면리듬에서 살펴본 것처럼 신생아와 영아는 수면주기가 약 30~60분으로 매우 짧습니다. 수면 사이클이 자주 전환되며, 그때마다 얕은 잠 구간을 자주 지나게 됩니다. 이 과정에서 깨어나는 것은 매우 자연스러운 일이며, 신경계가 점차 발달해가고 있다는 신호이기도 합니다.

발달 단계로 인한 일시적 퇴행

뒤집기, 기기, 걷기 등 신체 발달이 활발한 시기나 인지와 감정의 변화가 큰 시기에는 수면도 일시적으로 불안정해질 수 있습니다. 이를 '수면 퇴행기'라고 부르며, 대부분 짧은 기간 안에 다시 안정됩니다. 이 역시 아이가 자라고 있다는 증거입니다.

2. 개선이 필요한 깸: 수면 환경과 습관에서 오는 방해

나쁜 수면연관

수면연관 중 나쁜 수면연관(안기기, 수유, 흔들기 등)이 필요한 아이들은 잠이 얕아졌을 때 그 조건이 없으면 쉽게 깨고, 다시 잠들기 어려워합니다. 이런 경우는 나쁜 수면연관을 좋은 수면연관으로 바꿔주면 개선할 수 있습니다.

환경적 요인

소음, 조명, 온도, 기저귀 젖음, 과도한 피로, 배고픔 등 외부 자극이나 신체적 불편함은 깸의 원인이 됩니다. 이런 경우는 환경을 조율하고 신호를 잘 살피는 것만으로도 충분히 개선할 수 있습니다.

이처럼 아이가 깼다고 해서 모두 문제가 되는 것은 아닙니다. 자주 깨는 것은 자연스러운 일이지만, 그 후에 스스로 다시 잠들 수 있는지 아니면 반드시 엄마의 도움이 필요한지에 따라 깸의 성격이 달라집니다.

따라서 아이가 자주 깬다면 깸의 원인을 파악하고, 필요한 부분은 환경과 습관을 통해 조절해 주세요.

06

아이가 잠들 때 우는 이유

"으앙~!"

아이가 잠들기 직전 갑자기 울음을 터뜨리는 모습을 보면 엄마들은 걱정부터 앞섭니다.

'졸린데 왜 울지?'

'자기 싫은 걸까?'

'몸이 아픈 건 아닐까?'

하지만 아이의 울음은 단순한 짜증이나 불편함의 표현이 아닐 때가 많습니다. 특히 잠들기 직전 잠울음을 우는데, 잠울음은 아이가 스스로 이완하고 수면으로 전환하려는 자연스러운 자기 조절 과정입니다.

1. 잠울음은 왜 생길까요?

아이가 깨어 있는 동안, 신경계는 주변의 소리, 빛, 사람, 감정 등 수많은 자극을 끊임없이 받아들입니다. 이처럼 몸과 뇌가 긴장된 활동성을 유지하는 상태를 '각성'이라고 합니다.

그런데 잠이 들기 위해서는 이 각성 상태를 내려놓고, 신체와 감정이 충분히 이완된 상태로 전환해야 합니다. 성인도 하루 동안 쌓인 긴장을 풀고 잠들기까지 시간이 필요한 것처럼, 아이들에게도 이 과정은 결코 자연스럽거나 쉽지 않습니다. 특히 아이들은 신경계가 아직 완성된 상태가 아니라 스스로 긴장을 조절하거나 부드럽게 이완하는 능력이 충분히 발달되어 있지 않습니다.

그래서 아이들은 '잠울음'을 통해 이 긴장과 각성도를 낮춥니다. 잠울음은 아이에게 가장 본능적이고 강력한 자기 진정(self-soothing) 방법입니다. 울면서 감정의 과부하를 해소하고, 신체적 긴장을 풀어 수면에 필요한 이완 상태로 서서히 전환해가는 과정입니다.

2. 자극이 많았던 날, 잠울음이 더 강할 수 있습니다.

낮 동안 자극을 많이 받은 날은 아이의 뇌가 처리해야 할 정보도 훨씬 많아집니다. 낯선 장소에 다녀오거나, 새로운 사람들을 만나거나, 신체 활동이 많았던 경우, 아이의 신경계는 더 활발히 깨어 있습니다. 아이들은 아직 필요한 자극과 불필요한 자극을 구분해 걸러내는 기능이 발달되지 않았기 때문에 들어오는 모든 자극을 거의 그대로 받아들이게 됩니다. 그 결과 뇌는 정리해야 할 정보가 가득 차고, 신경계는 긴장 상태를 유지하려 합니다.

이런 높은 각성 상태에 있으면 스스로 긴장을 낮추고 이완 상태로 넘어가는 데 더 많은 에너지가 필요합니다. 따라서 자극이 많았던 날일수록 자연스럽게 잠울음의 강도와 길이도 더 커질 수밖에 없습니다.

낮 동안 받은 자극을 '가방 안에 쌓인 짐'에 비유하면, 잠자기 전 울음은 '그 짐을 하나하나 꺼내 정리하는 작업'이라고 할 수 있습니다. 짐이 많으면 당연히 정리하는 데 시간이 오래 걸리고, 힘도 더 드는 것과 마찬가지입니다.

3. 잠울음은 점차 줄어듭니다.

생애 초기에는 몸을 자유롭게 움직이는 능력이 충분히 발달하지 않아, 감정이나 긴장을 해소할 방법이 많지 않습니다. 따라서 이 시기에 울음은 아이가 자신을 진정시키는 가장 효과적이고 본능적인 방법입니다. 하지만 시간이 지나면서 아이는 점점 스스로 긴장을 풀고 이완할 수 있는 다양한 방법을 배우기 시작합니다.

생후 3~6개월이 지나면서 손가락을 빠는 기술이 원활해지고, 이불이나 애착 인형을 만지는 행동, 몸을 뒤척이거나 뒹구는 등 몸을 사용하는 능력도 커집니다.

이런 신체적 자기 진정 행동은 울음 없이도 긴장을 해소하고 스스로 잠들 준비를 하는 데 큰 도움을 줍니다. 감정 조절 능력과 신체 조절 능력이 발달함에 따라, 아이들은 점차 잠울음에 의존하지 않고 스스로 수면 모드로 전환할 수 있게 됩니다.

　시간이 흐르면서 잠울음은 자연스럽게 줄어들고, 아이는 울음 대신 더 조용하고 능동적인 방법으로 수면 상태에 이르는 경험을 쌓아갑니다. 이 과정은 아주 자연스럽고 건강한 발달의 일부입니다. 따라서 이 시기를 조급해하지 말고, 아이가 자신의 속도에 맞춰 자기 진정 능력을 키워가는 과정을 기다려주는 것이 중요합니다.

07
일반 울음 VS 잠울음

아이가 울기 시작하면 많은 엄마들은 걱정하고 불안해합니다.

'어디가 불편한 걸까?'

'지금 바로 달래야 되나. 어떻게 해야 하지?'

하지만 모든 울음이 같은 의미를 갖는 것은 아닙니다. 아이가 울 때마다 무조건 달래야 한다고 생각하기보다는 '이 울음이 어떤 울음인지' 구분하고, 그에 맞는 적절한 반응을 선택하는 것이 훨씬 중요합니다.

특히 아이가 울 때는 외부의 도움이 필요한 '일반 울음'과 스스로 잠들기 위해 긴장도를 낮추려고 우는 '잠울음'을 구분해야 합니다. 두 울음은 목적도 다르고, 아이가 보내는 신호도 다르기 때문입니다. 이 차이를 이해하면 아이가 잠드는 과정을 훨씬 더 편안하고 자연스럽게 도와줄 수 있습니다.

일반 울음

아이가 외부에 자신의 필요를 알리고, 도움을 요청하는 신호입니다. 아직 말로 자신의 의사를 표현할 수 없는 아이들은 울음을 통해 '배고파요', '기저귀가 불편해요', '안아주세요' 같은 기본적인 욕구를 전달합니다.

이때 아이가 필요로 하는 것은 단순한 위로가 아니라, 그 욕구를 정확히 충족시켜주는 것입니다. 예를 들어 배고파서 우는 아이에게는 쪽쪽이를 물려 달래는 것이 아니라 수유를 통해 실제로 배를 채워주어야 하고, 기저귀가 젖어 우는 아이에게는 안아서 달래는 것이 아니라 기저귀를 갈아주어 불편함을 덜어주어야 합니다.

잠울음

잠울음은 일반 울음과 목적이 전혀 다릅니다. 잠울음은 아이가 스스로 각성도를 낮추고, 몸과 마음을 이완시켜 수면으로 전환하기 위해 사용하는 자기 조절 전략 중 하나입니다.

깨어 있는 동안 아이의 신경계는 다양한 자극으로 활발히 깨어 있지만, 잠들기 위해서는 이 긴장을 해소하고 완전히 이완된 상태로 넘어가야 합니다. 졸리고 피곤하지만 긴장이 남아 있을 때 아이는 잠울음을 통해 감정을 정리하고 각성도를 낮추려 합니다.

잠울음은 외부의 도움을 요청하는 것이 아니라, 스스로 긴장을 풀고 수면 상태로 넘어가기 위한 자기 조절 과정입니다. 이때 엄마가 울음을 멈추는 것에만 집중하게 되면 아이가 자기 진정 능력을 충분히 키워갈 수 없습니다. 필요한 만큼 부드럽게 옆에서 지지해주면서 아이가 스스로 이완할 수 있도록 해주세요.

1. 일반 울음과 잠울음의 차이 정리

구분	일반 울음	잠울음
울음의 목적	외부에 욕구를 알리고 도움을 요청함	스스로 진정하며 감정 상태를 전환하려는 과정
주된 원인	배고픔, 기저귀 불편감, 안기고 싶은 욕구 등	졸림, 자극 해소, 수면 전 긴장 조절
행동 양상	눈을 뜨고 주변을 살피며 적극적 표현	입면 초기: 눈을 감고 팔과 다리에 힘을 주며 격하게 울음 입면 후기: 팔과 다리가 이완되고 앵앵거리며 작게 우는 모습, 몸 비비기 등 포함
엄마의 반응	욕구를 정확히 파악하고 해결해주기	기다려주되, 필요시 옆에서 진정 도와주기

일반 울음과 잠울음 비교

2. 울음을 이해하면 수면이 달라집니다.

아이가 울 때 '이걸 어떻게 빨리 멈춰야 하나?' 하는 생각부터 드는 건 매우 자연스러운 일입니다. 하지만 울음을 무조건 달래거나 멈추려 하기보다 울음이 담고 있는 의미를 읽어주고 적절하게 반응하는 것이 중요합니다. 아이가 울음으로 신호를 보내고, 엄마가 여기에 적절히 반응할 때 신뢰와 애착이 자랍니다. 이 과정은 아이의 수면이 점차 안정되는 데도 중요한 역할을 합니다. 이를 위해서는 먼저 아이의 울음을 구분할 수 있어야 합니다.

- 일반 울음이라면, 아이가 필요로 하는 욕구(배고픔, 불편감, 접촉 욕구 등)를 정확히 파악하고 신속하게 충족해 줍니다.
- 잠울음이라면, 아이가 스스로 이완하고 잠들 수 있도록 기다리면서 필요할 때만 부드럽게 지지해주는 것이 가장 좋습니다.

울음을 제대로 이해하고 구분할 수 있게 되면 엄마도 더 이상 울음에 휘둘리지 않고, 아이의 수면리듬을 존중하는 여유를 가질 수 있습니다. 특히 잠울음을 따뜻한 시선으로 바라보고 기다려주는 경험은 아이가 스스로 긴장을 풀고, 자기 힘으로 수면에 도달하는 능력을 키워가는 데 큰 도움이 됩니다. 울음을 억지로 멈추게 하는 것보다, 울음의 종류를 구분하고 그에 맞게 대응해주는 것이 수면 교육의 진짜 핵심입니다.

08
수면 관련 행동 언어 이해하기

아이는 말을 하지 않아도 매 순간 엄마에게 말을 하고 있습니다. 단지 그것이 '말'의 형태가 아니어서 놓치는 경우가 많습니다. 특히 잠과 관련된 시간에는 아이가 보내는 행동 언어가 가장 풍부하게 나타납니다. 졸림, 피곤함, 거부, 자율 진정, 입면 직전의 변화까지 이 모든 것을 말이 아닌 행동과 울음으로 표현합니다.

아이가 잠드는 과정에서 보여주는 행동 언어를 단계별로 소개하고, 각 단계에서 아이는 어떤 표현을 하는지, 엄마는 무엇을 관찰하고 어떻게 반응해야 하는지 알아보겠습니다.

수면 교육의 핵심은 어떤 특정한 방법이나 기법이 아니라, 아이의 신호를 잘 이해하고 반응하는 것입니다. 아이의 언어를 읽는 힘이 생기면, 불안은 줄고 자신감은 커집니다.

1. 입면 단계별 행동 언어 5단계

1단계 | 각성기

"지금은 놀이 시간! 에너지가 넘치고 세상이 궁금해요. 졸리지 않아요."

이 시기는 아이가 활발하게 깨어 있고 주변 환경에 대한 호기심과 각성도가 높은 상태입니다. 아직 잠과는 거리가 먼, 에너지가 가득한 시간입니다.

각성기 신호

- 놀이에 집중하고, 주변 자극에 잘 반응하는 모습
  → 아이가 온전히 깨어 있고, 배우고 탐색할 준비가 되었음을 보여줍니다.
- 눈을 맞추고 웃거나 소리에 반응하는 등 활발히 교류하는 모습
  → 엄마나 주변 환경과 상호 작용하며 만족감을 느끼고 있음을 나타냅니다.
- 에너지 수준이 높고 움직임이 활발한 모습
  → 신체적으로 편안하고 활동할 에너지가 충분하다는 명확한 신호입니다.

아이에게 필요한 반응

- 놀이와 상호 작용으로 엄마의 사랑을 채워주세요. 깨어 있는 시간 동안 하는 충분한 상호 작용이 잠들기 전 진정을 더 수월하게 만듭니다.
- 아이가 마음껏 탐색할 수 있도록 안전한 환경을 마련해 주세요.
- 이 시점부터 졸음 신호 관찰을 시작하는 것이 중요합니다. 서서히 나타날 수 있는 초기 졸음 신호를 놓치지 않도록 주의 깊게 관찰합니다.

2.1 단계 | 초기 졸음

"이제 좀 쉬고 싶어요. 에너지가 줄어들고 있어요."

이 시기는 아이가 처음으로 졸리기 시작하는 때입니다. 이 신호를 민감하게 알아차리고 제때 차분한 수면 환경으로 전환해주면, 아이는 훨씬 편안하게 잠들 수 있고 스스로 잠들기 성공률도 높아집니다.

'초기' 졸음 신호

- 눈을 비비는 행동
  → 가장 흔하게 나타나는 졸음 신호 중 하나입니다.
- 귀, 코, 머리카락 등을 만지작거림
  → 졸릴 때 나타나는 습관적인 행동일 수 있습니다.
- 하품을 연이어 하는 모습

- → 신체가 이완되기를 원하는 명확한 신호입니다.
- 눈꺼풀이 무거워지거나 초점이 흐려지는 모습
- → 주변에 대한 관심이 줄어들고, 졸음이 서서히 시작되고 있다는 뜻입니다.
- 놀이에 대한 흥미 저하
- → 활동성 감소는 대표적인 졸음 신호 중 하나입니다.
- 움직임이 줄어들고 칭얼거리는 모습
- → 불편함을 느끼며 안정감을 원할 때 나타납니다.
- 손가락, 옷자락, 장난감 등을 빨기 시작하는 행동
- → 빠는 행동을 통해 스스로 진정하려는 자연스러운 반응입니다.
- 안겨 있을 때 품에 얼굴을 비비거나 기댐
- → 잠들기에 충분한 상태임을 드러내는 졸음 신호 중 하나입니다.

아이에게 필요한 반응

- 졸음 신호를 포착하면 수면 루틴을 시작합니다.
- 조명과 소리를 줄이고, 차분한 분위기를 만들어 줍니다.
- 수면의식 중 품에 얼굴을 비비거나 폭 안긴다면 충분히 졸리다는 의미이므로 조금 더 안아주어도 되고, 스스로 잠들 수 있도록 침대에 조용히 눕혀 놓아도 됩니다.

2.2단계 | 후기 졸음

초기 졸음단계의 신호를 놓쳤거나 수면의식 과정에서 졸음이 깊어지면 나타나는 상태로, 이때 계속 활동이 이어지면 과피로로 인해 잠들기 어려워집니다.

'후기' 졸음 신호(과피로 상태)

- 자지러지게 울거나, 몸을 뒤로 활처럼 젖히는 행동
  → 매우 졸린 상태로 매우 피곤하다는 것을 표현하는 행동 신호입니다.
- 과잉 행동을 하는 모습
  → 피곤함에도 불구하고 갑자기 에너지가 넘치는 듯 부산스러워 보여서 아이가 전혀 졸리지 않다고 오해할 수 있는 상태입니다.

아이에게 필요한 반응

- 이 단계에서 졸음 신호를 포착하면 바로 수면 루틴을 시작합니다.
- 수면 루틴을 시작하는 중에 '몸을 뒤로 활처럼 젖히는 행동'을 보인다면 매우 졸린 상태로 안기고 싶지 않다는 의미이므로 조용히 침대에 눕히고 필요한 만큼의 진정을 도와줍니다.
- 조명과 소리를 줄이고, 차분한 분위기를 만들어 줍니다.

3단계 | 잠들기 시도

"이제 잠을 잘 거예요."

이 시기는 아이가 스스로 잠들기 위해 시도하는 단계로 수면 교육에서 가장 중요합니다. 졸릴 때의 울음은 배고프거나 기저귀가 젖었을 때와는 다르게, 울음의 강도나 행동 언어에서 구별되는 특징이 있습니다.

잠울음을 통한 진정

- 눈을 꼭 감고
- → 눈을 감아 자극을 차단하고 긴장을 풀려는 시도입니다.
- 팔다리에 힘을 주거나, 몸을 비틀면서
- → 전형적인 '잠울음'의 모습입니다.
- 강하게 우는 모습
- → 울음이라는 강력한 자기 진정 전략을 사용해 각성도(긴장도)를 떨어뜨리고, 졸림과 관련된 생리적 불편함을 해소하려는 반응입니다.

그 외 진정 방법

- 손가락, 주먹, 옷자락 빨기
- → 빠는 행위를 통해 안정감을 찾으려는 대표적인 행동입니다.
- 애착 인형, 담요 만지작거리거나 비비기
- → 익숙한 감촉을 통해 스스로 진정하며 위안을 얻는 행동입니다.
- 고개 또는 몸을 좌우로 흔들거나 머리 비비기
- → 반복적인 움직임으로 안정감을 찾는 모습입니다.
- 웅얼거리거나 '음음~' 소리 내기

→ 단조로운 소리를 반복하면 리듬감이 생기는데 이 리듬감은 아이에게 안정감을 줍니다.
- 몸을 비비거나 다리를 들었다 내리는 행동
→ 반복적인 동작으로 안정감을 찾는 행동입니다.

(※관찰 포인트: 아이마다 선호하는 자기 진정 방식은 매우 다양합니다. 아이가 어떤 방식으로 자신을 진정시키는지, 어떤 행동을 할 때 점차 차분해지는지 주의 깊게 관찰하고 기록해 보세요.)

아이에게 필요한 반응

- 울음의 크기에 압도되어 즉시 개입하기보다는 아이가 <u>스스로</u> <u>조절할 수 있는 기회</u>를 잠시라도 주는 것이 중요합니다. 아이가 <u>스스로</u> 진정하여 각성도를 떨어뜨리는 과정임을 인식해 주세요.
- 수면 교육 방법에 따라서 아이의 상황을 살피며 적절한 시점에 '진정 도와주기' 또는 '체크업'을 진행합니다('5장 02. 스스로 잠들기 연습 방법의 종류' 참고).

4단계 | 잠들기 직전

"몸에 힘이 빠지고 눈이 감겨요. 잠들 준비가 거의 끝났어요."

자기 진정 단계를 성공적으로 거치거나, 엄마의 도움으로 안정을 찾은 아이는 깊은 잠으로 빠져들기 직전의 상태인 '슬립존'에 들어섭니다. 몸과 마음이 최대한 이완된 상태이며, 이때 나타나는 행동 언어를 잘 이해하는 것이 중요합니다.

잠들기 직전의 대표 신호

- 팔다리 근육 이완
  → 몸에 힘이 빠지고 축 늘어지는 듯한 모습을 보입니다.
- '앵앵~' 낮고 리듬감 있는 울음소리
  → 격렬함이 사라지고, 단조로운 소리로 바뀌거나 끙끙대는 소리를 냅니다.
- 눈꺼풀이 무거워지고 깜빡이는 모습
  → 눈을 뜨기 힘들어하며 감았다 떴다 하거나 파르르 떨립니다.
- 짧게 움찔 후 이완하는 모습
  → 신경계의 긴장이 낮아지고 몸이 이완 상태로 전환되는 과정에서 나타나는 자연스러운 반응(입면 경련)입니다.

아이에게 필요한 반응

- 이 마지막 고비는 아이가 자신의 힘으로 완전히 잠드는 법을 배우는 결정적인 순간입니다. 엄마가 이때 안아주거나, 말을 걸거나, 토닥이는 등 어떤 개입이라도 하면 아이는 잠드는 마지막 과정을 방해받고 다시 각성할 수 있습니다.
- 아이가 이 마지막 1%를 스스로 해냈을 때 얻는 성취감과 자신감은, 다음 잠에서도 스스로 잠들 수 있게 하는 가장 강력한 동기 부여가 됩니다. 마지막 성취의 기쁨은 빼앗지 말아주세요.

5단계 | 얕은 잠 진입

"드디어 잠들었어요! 하지만 아직 깊은 잠은 아니에요."

아이가 마침내 잠든 직후는 깊은 잠이 아닌 얕은 잠 상태입니다. 이 시기는 뇌파가 아직 완전히 안정되지 않았기 때문에 작은 소리나 움직임, 빛의 변화 등 외부 자극에 민감하게 반응하고 쉽게 깰 수 있습니다.

얕은 잠에 진입한 대표 신호

- 호흡이 고르고 느려지는 모습
- → 잠들었다는 비교적 명확한 신호입니다(때로는 약간 불규칙할 수 있음).
- 근육이 이완되고 편안해 보이는 표정
- → 몸에 긴장이 풀리고 얼굴 표정이 평온해집니다.
- 입술을 오물거리거나 손가락을 꼼지락거리는 등 미세한 움직임
- → 얕은 잠 상태에서 나타나는 자연스러운 움직임입니다.
- 살짝 움찔거리는 모습
- → 깊은 잠으로 이동하는 과정이나 수면주기 전환 시 나타날 수 있습니다.

아이에게 필요한 반응

- 아이가 깊은 잠으로 들어갈 수 있도록 조용하고 어두운 환경을 유지해 주세요.

- 엄마도 쉬세요.

2. 행동 언어를 해석하는 올바른 방법

행동 언어는 '단어'가 아닌 '문장'으로 해석해야 합니다. 아이의 신호는 퍼즐 조각과 같습니다. 하품 하나, 눈 비비기 하나는 각각 의미 있는 단서지만, 그것만으로 전체 그림을 이해하긴 어렵습니다. 단편적인 신호만 보고 판단하면 오해할 수 있습니다. 예시를 통해 살펴보겠습니다.

예시 1 하품을 하는 경우

아이가 하품을 했다고 해서 반드시 졸린 건 아닐 수 있습니다. 하품은 피곤해서 나올 수 있지만, 지루한 활동에서 벗어나고 싶을 때 또는 단순히 산소가 부족할 때, 몸이 이완될 때 나오는 생리적인 반응일 수도 있습니다.

같은 '하품'이라도 맥락과 함께 해석하면 다음과 같이 전혀 다른 의미가 됩니다.

- 하품 후에 새로운 장난감에 관심을 보이며 다시 놀기 시작한다면
  → 졸린 게 아니라 단순히 활동이 지루했거나 집중이 잠시 끊긴 것일 수 있어요.
- 하품은 했지만, 깨어 있는 시간이 아직 짧고 활발하게 움직인

다면
→ 잠보다는 신체적인 피로 회복이나 일시적인 산소 공급의 반응일 수 있습니다.
- 하품 후 눈을 비비고, 멍한 표정을 짓고, 칭얼거리는 모습이 이어진다면
→ 졸음 신호일 가능성이 높습니다. 이때는 수면 루틴으로 전환할 타이밍이에요.

예시 2 손가락 빨기

아이가 손가락을 빠는 행동 역시 졸음 신호라고 생각하기 쉽지만, 꼭 그런 것만은 아닙니다. 이 행동은 입을 통한 탐색, 긴장 완화, 자기 진정 등 다양한 의미를 가질 수 있고, 맥락에 따라 의미는 달라집니다.

- 손을 빠는 동시에 장난감을 만지며 활발히 놀고 있다면
→ 졸린 게 아니라 단순히 입을 통해 세상을 탐색 중일 수 있어요. 발달 단계에서 매우 자연스러운 반응입니다.
- 낯선 환경이나 갑작스러운 변화 뒤에 손을 빠는 모습이 보인다면
→ 새로운 자극에 긴장했거나 불안한 상황에서 자기 위안을 위한 안정 반응일 수 있습니다. 이때는 정서적인 안정을 도와주는 게 좋아요.

- 손을 빠는 동시에 눈을 비비고, 칭얼거리며 몸을 기대기 시작한다면
  → 졸음 신호일 가능성이 큽니다. 스스로 진정하려는 행동일 수 있으며, 이때는 수면 루틴으로 연결해 주세요.

이처럼 행동 하나인 '단어'만 보는 게 아니라, 여러 신호와 맥락을 함께 보면 '문장'이 됩니다. 퍼즐 조각을 맞춰가듯 아이의 신호를 맥락 속에서 이해하려는 노력이 필요합니다.

처음에는 어렵게 느껴질 수 있지만, 계속 관찰하다 보면 아이가 말하고자 하는 의도를 훨씬 더 선명하게 읽을 수 있게 됩니다.

예시 3 칭얼거리는 경우

아이의 칭얼거림은 피곤함을 알리는 신호일 수도 있지만, 반드시 졸음을 뜻하지는 않습니다. 불편함, 지루함, 관심 끌기, 감각 과부하 등 다양한 원인이 있을 수 있습니다.

- 칭얼거리면서 팔을 뻗거나 장난감을 가리킨다면
  → 어떤 것을 원하거나 요구를 표현하는 의사소통일 수 있어요. 장난감에 접근하고 싶은데 잘 안 될 때 자주 보이는 반응입니다.
- 밝은 조명 아래 시끄러운 환경에서 갑자기 칭얼거린다면
  → 감각 자극에 과부하가 온 상태일 수 있어요. 이럴 땐 조용하

고 어두운 환경으로 잠시 이동해주는 것이 도움이 됩니다.
- 칭얼거림과 함께 눈 비비기, 하품, 멍한 표정 등이 이어진다면 → 졸음 신호일 가능성이 높습니다. 수면 루틴으로 전환할 타이밍일 수 있어요.

수면 교육은 '가르치는 것'이 아니라 '읽어주는 것'입니다. 아이가 몸으로 보내는 메시지를 매일 조금씩 더 알아차리고, 그 신호에 반응하며 '안전한 수면리듬'을 함께 만들어가는 것이 진짜 수면 교육의 시작입니다. 그 언어를 이해하고, 기다려주는 엄마가 있는 아이는 결국 스스로 잠드는 힘을 갖게 됩니다.

아이의 언어를 아직 충분히 이해하지 못해도 이해하기 위해 노력하고 있는 것만으로도 우리는 이미 멋진 엄마입니다!

09
개월 수별 깨어 있는 시간

　수면 교육에서 가장 핵심적이면서도 많은 엄마들이 간과하는 요소가 있습니다. 바로 아이가 깨어 있을 수 있는 시간, 즉 한 번에 활동할 수 있는 시간의 한계입니다.

　성인은 하루 16시간 이상 활동해도 큰 어려움이 없지만, 아이의 몸과 뇌는 그만큼의 활동을 견딜 수 있는 구조가 아닙니다. 아이는 깨어 있을 수 있는 시간 자체에 생물학적인 제한이 있습니다.

　예를 들어 생후 1개월 전후 아이는 한 번에 약 1시간 정도만 깨어 있을 수 있습니다. 그 이후에는 신체와 신경계가 빠르게 피로해지고, 그 피로를 회복하기 위해 반드시 수면이 필요해집니다. 즉, 깨어난 지 1시간이 지나면 다시 잠자리에 들어야 한다는 뜻입니다.

이처럼 아이가 버틸 수 있는 깨어 있는 시간은 시기마다 다르게 정해져 있고, 그 기준은 수면리듬을 안정적으로 만들기 위한 중요한 정보입니다. 이 한계를 모른 채 재우는 타이밍을 놓치면 아이를 과피로 상태로 몰아가게 되고, 그로 인해 잠들지 않거나 자주 깨는 악순환이 반복될 수 있습니다.

개월 수	깨어 있는 시간	낮잠 횟수	최대 낮잠 시간	총수면 시간
1개월	1시간	4회 이상	5~6시간	14~17시간
2개월	1시간 20분	4회 이상	5시간	14~17시간
3개월	1시간 30분	4회	4시간	14~17시간
4개월	2시간	3~4회	4시간	12~15시간
5개월	2시간 20분	3회	3시간 30분~4시간	12~15시간
6개월	2시간 30분	2~3회	3시간 30분	12~15시간
7개월	2시간 45분	2~3회	3시간~3시간 30분	12~15시간
8개월	3시간	2~3회	3시간	12~15시간
9개월	3시간~3시간 30분	2회	3시간	12~15시간
10개월	3시간 30분~4시간	2회	2시간 30분	12~15시간
11개월	4~5시간	1~2회	2시간 30분~3시간	12~15시간
12~18개월	낮잠 1회인 경우: 4~6시간 낮잠 2회인 경우: 4~5시간	1~2회	2~3시간	11~14시간
18개월 이상	5~7시간	1회	3시간	11~14시간

개월 수별 깨어 있는 시간
출처: IPSP(Institute of Pediatric Sleep and Parenting)

1. 깨어 있는 시간의 작동 원리

아이가 깨어 있는 동안, 뇌에는 '아데노신'이라는 물질이 서서히 쌓입니다. 이 물질은 뇌의 피로도를 감지하는 역할을 하며, 일정 수준 이상 축적되면 몸은 자연스럽게 '이제 잠들어야 한다'는 신호를 받게 됩니다. 이 과정에서 생기는 것이 바로 수면압력(sleep pressure)입니다.

수면압력은 쉽게 말해 아이가 얼마나 오랫동안 깨어 있었는지, 그리고 얼마나 많은 에너지를 사용했는지 뇌가 판단해 수면을 유도하는 메커니즘입니다. 하루의 수면 흐름은 바로 이 수면압력이 어떻게 쌓이고, 언제 적절히 해소되느냐에 따라 달라집니다.

2. 수면압력이 부족할 때 재우면?

수면압력이 충분히 쌓이지 않은 상태에서 억지로 재우려고 하면, 아이의 뇌는 아직 휴식이 필요하다는 신호를 감지하지 못하기 때문에 쉽게 잠들지 못합니다. 이로 인해 잠드는 데 시간이 오래 걸리거나, 울음을 강하게 터뜨릴 수 있습니다. 설령 잠에 들더라도 수면이 깊지 않아 금세 깨어나고, 짧은 잠에 그칠 가능성이 높습니다.

3. 수면압력이 지나치게 높을 때 재우면?

반대로 깨어 있는 시간이 너무 길어져 수면압력이 과도하게 쌓이면 몸은 피곤하지만 뇌는 오히려 각성 상태에 머물게 됩니다. 이 상태를 과피로라고 부르며, 잠드는 데 시간이 오래 걸리거나 잠든 후에도 자주 깨고 쉽게 우는 등 수면의 질이 급격히 떨어집니다.

과피로 상태의 아이는 진정하기 어렵고, 잠이 들어도 불안정한 수면을 반복하는 경향이 강해집니다.

4. 적절한 수면압력이 깨어 있는 시간을 결정합니다.

아이의 하루는 '깨어 있는 시간'과 '자는 시간'의 균형으로 이루어져 있습니다. 잠자는 시간뿐만 아니라, 그전까지 얼마나 활동했는지를 기준으로 삼아야 아이에게 가장 자연스럽고 무리 없는 수면 흐름이 만들어집니다.

아이의 나이, 활동량, 기분, 낮 동안의 자극 수준에 따라 수면압력은 매일 조금씩 달라지지만, 각 시기별로 평균적인 깨어 있는 시간에 대한 기준은 존재합니다. 이 기준을 참고해 수면 타이밍을 조율하면 잠투정 없이 부드럽게 잠드는 흐름을 만들 수 있습니다.

10

최소 낮잠 시간과 최대 낮잠 시간

아이의 낮잠에 대해 엄마들이 가장 많이 묻는 질문 중 하나는 "낮잠을 너무 오래 자는 것 같은데 괜찮을까요?" 또는 "너무 짧게 자는 건 아닌가요?"입니다.

아이의 낮잠은 하루 수면 흐름을 구성하는 중요한 부분입니다. 그래서 수면 교육을 할 때는 각 시기마다 참고할 수 있도록 하루 최대 낮잠 시간을 안내하고 있습니다.

하지만 이 기준은 절대적인 제한선이 아닙니다. '이 이상 재우면 안 된다'가 아니라, 이 이상 낮잠을 자면 밤잠에 영향을 줄 '가능성'이 있으므로 이를 점검하기 위한 참고선입니다.

1. 최대 낮잠 시간을 넘겨도 괜찮아요.

낮잠의 총량이 기준보다 길다고 문제가 되는 것은 아닙니다. 낮잠의 양이 많지만 밤잠이 안정적이라면 전혀 문제될 것이 없습니다. 모든 아이가 평균 수치에 꼭 맞춰 자야 하는 것은 아닙니다. 낮잠이 그날 아이에게 필요한 회복을 충분히 제공하고 있다면 그 자체로 의미 있는 수면입니다. 중요한 것은 '얼마나 오래 잤느냐'보다 낮잠 후 아이의 컨디션과 반응입니다.

- 기분이 좋고
- 활동성이 유지되며
- 밤잠에도 무리가 없는 상태

그 낮잠은 아이에게 딱 맞는 회복 시간이었던 것입니다. 다만, 다음과 같은 패턴이 반복된다면 낮잠이 너무 많은 것은 아닌지 점검해야 합니다.

- 밤잠에 자주 깨는 경우
- 잠드는 데 오래 걸리는 경우
- 새벽에 너무 일찍 깨는 경우

2. 최소 낮잠 시간은 얼마일까?

최대 낮잠 시간 정보를 접하게 된 많은 엄마들이 "그럼 최소 낮잠 시간도 있나요?"라고 묻습니다. 하지만 낮잠에는 정해진 최소 시간이라는 것이 없습니다. 수면은 아이가 스스로 조절할 수 있는 생리적 반응이기 때문입니다. 수면압력이 충분히 낮아지고 회복이 완료되면 아이 스스로 잠에서 깨어납니다.

즉, 낮잠 길이가 짧다고 해서 반드시 부족한 건 아닙니다. 핵심은 잠든 시간의 길이보다 깨어난 후의 회복 상태입니다.

3. 낮잠 길이의 주도권은 아이에게

낮잠 시간이 매일 다르다고 해서 수면 문제가 있다고 보기는 어렵습니다. 개월 수별 깨어 있는 시간에 맞게 깨어 있었다고 해도 늘 아이가 비슷한 양의 낮잠을 자는 것은 아닙니다.

특히 영유아기에는 활동량, 감정 자극, 환경 변화, 성장 단계 등에 따라 낮잠의 길이와 깊이가 얼마든지 달라질 수 있습니다. 그 변화는 오히려 정상적인 성장과 발달의 한 흐름일 수 있습니다. 중요한 건 매일 같은 시간에 자는 것이 아니라, 졸림 신호를 읽고 적절한 흐름을 만들어주는 것입니다.

낮잠의 길이를 정해두고 그 안에 아이를 맞추려고 하기보다, 아이의 몸과 리듬이 만들어갈 수 있도록 기준은 참고하되 아이에게 주도권을 맡기세요.

- 엄마는 '환경'을 설계하고
- 아이는 '리듬'을 만들어 갑니다.

수면의 시작과 끝, 수면의 깊이와 회복 정도는 결국 아이가 결정하는 영역입니다. 아이는 로봇이 아닙니다. 그날의 몸 상태와 기분에 따라 조금 더 자고, 덜 자고, 다르게 반응할 수 있는 아주 주체적인 존재임을 인정해 주세요!

11
개월 수별 통잠 시간

보통 '통잠'이라고 하면 밤새 한 번도 깨지 않고 10~12시간 자는 것을 떠올리지만, 꼭 그래야만 통잠은 아닙니다. 그렇다면 통잠의 진짜 의미는 무엇이고, 개월 수에 따라 통잠 시간은 어떻게 달라질까요? 지금부터 '통잠'의 정확한 개념과 개월 수별 기준을 알아보겠습니다.

1. 통잠이란?

통잠은 '아이가 밤중 수유 없이 연속해서 잘 수 있는 능력'을 의미합니다. 즉, 밤잠에 든 시간부터 첫 번째 밤중 수유 사이의 시간이 '통잠 시간'입니다. 통잠은 결국 먹지 않고 잘 수 있는 능력, 즉

뱃구레와 밀접한 관련이 있습니다.

2. 개월 수별 통잠 시간

낮 동안 깨어 있는 시간이 개월 수에 따라 점차 늘어나는 것처럼, 밤에 통잠을 자는 시간도 개월 수에 따라 점차 길어집니다. 통잠 시간은 다음 2가지 방법으로 계산할 수 있습니다.

첫 번째 계산 방법: (개월 수+3)시간

다소 보수적인 기준으로, 현재 아이의 개월 수에 3을 더한 시간만큼 통잠이 가능하다고 보는 방법입니다.

- 2개월 아이 → 2+3=5시간
- 3개월 아이 → 3+3=6시간
- 4개월 아이 → 4+3=7시간
- 7개월 아이 → 7+3=10시간

예를 들어 3개월 아이가 저녁 7시에 잠들었다면, 6시간 후인 새벽 1시까지는 먹지 않고도 잘 수 있는 뱃구레가 있다는 의미입니다. 물론 첫 번째 새벽 수유 이후에는 원래의 수유텀대로 짧게 잘 수 있습니다.

두 번째 계산 방법: (출생 주 수)시간

조금 더 빠른 템포 기준으로, 아이의 출생 주 수에 해당하는 시간만큼 통잠이 가능하다고 보는 방법입니다.

- 생후 6주 → 6시간
- 생후 8주 → 8시간
- 생후 12주 → 12시간

예를 들어 6주 된 아이가 저녁 7시에 잠들었다면, 새벽 1시까지는 통잠이 가능하다는 의미입니다. 이후에는 통상적인 수유텀(3시간 간격 등)에 따라 1~2회 밤중 수유가 이루어질 수 있고, 첫 번째 새벽 수유 이후에는 원래 수유텀대로 짧게 잡니다.

밤잠 시작 이후부터 계산하세요.

주 수별 통잠 시간

두 계산 방법의 결과값은 차이가 큽니다. 2가지 계산법 중 어느 방법이 더 정확한 방법이라는 연구는 없습니다. 다만, 실제 현장에서 수면 교육을 진행하다 보면 생후 3~4개월 이전 또는 잘 먹는 아이들은 보통 '두 번째 방법(출생 주 수 기준)'이 더 잘 맞습니다.

하지만 수면 교육을 생후 5개월 이후 시작했거나, 수유량이 적은 아이의 경우는 '첫 번째 방법(개월 수+3 기준)'이 더 적합할 수 있기 때문에 아이의 발달 상태와 수유량, 성향을 고려해 기준을 유연하게 적용합니다.

3. 통잠이 가능한 조건

단, 다음 3가지 조건이 갖춰져야 합니다.

① 우리 아이의 체중이 잘 늘고 있어야 해요.

여기서 '잘 늘고 있다'의 의미는 세계보건기구(WHO) 성장곡선(Child Growth Standards)을 기준으로 출생 당시의 분위 수준만큼은 꾸준히 성장하고 있어야 한다는 의미입니다. 예를 들어 우리 아이가 출생 시 50분위에 해당되었다면 현재 50분위 또는 그 이상으로 성장하고 있다는 것을 의미합니다('1장 12. 세계보건기구 성장곡선 확인하기' 참고).

② 낮 동안 수유량이 충분해야 해요.

현재 우리 아이가 체중이 잘 늘고 있다면 수유량이 성장에 적절하다고 볼 수 있습니다. 낮 수유량이 '충분하다'는 것은 오늘도 평소 수준의 수유량을 채웠다는 뜻입니다. 반대로, 낮 동안 평소보다 훨씬 더 적은 양을 먹었다면 평소처럼 길게 통잠을 자기 어려울 수 있습니다.

③ 의존적인 수면연관이 없어야 해요.

앞서 '1장 04. 수면연관이란?'에서 살펴본 바와 같이 나쁜 수면연관이 있는 아이는 수면주기가 바뀔 때마다 도움을 받아야만 잠을 이어갈 수 있습니다. 따라서 체중이 잘 늘고 수유량이 충분하다 하더라도 수면연관이 있는 경우에는 통잠을 자기는 어렵습니다. 통잠을 가능하게 하는 가장 중요한 조건은 나쁜 수면연관이 없는 것입니다.

4. 밤중 수유가 줄어드는 원리

앞서 소개한 '출생 주 수 기준' 통잠 계산법을 바탕으로, 실제로 밤중 수유가 줄어드는 과정을 살펴보겠습니다.

예를 들어 생후 6주 된 아이가 밤잠을 저녁 7시에 시작했습니다. 이 아이는 출생 주 수만큼인 6시간 동안 수유 없이 잘 수 있는 능력이 있다는 뜻입니다. 즉, 저녁 7시부터 새벽 1시까지 통잠이 가능하다는 것입니다. 그 이후에는 아직 수유텀이 짧기 때문에 일반적으로는 다음과 같이 총 3회의 밤중 수유가 이루어집니다.

- 저녁 7시부터 새벽 1시까지 통잠
- 1시 수유 → (3시간 후) 4시 수유 → (3시간 후) 7시 수유

그런데 아이가 조금 더 자라서 8주가 되었다면, 통잠 가능 시간도 8시간으로 늘어납니다. 이 경우에는 다음과 같이 밤중 수유가 2회로 줄어들게 됩니다.

- 저녁 7시부터 새벽 3시까지 통잠
- 3시 수유 → (3시간 후) 6시 수유

이처럼 아이의 성장과 함께 통잠 시간이 자연스럽게 늘어나고, 그에 따라 밤중 수유 횟수는 점점 줄어드는 흐름이 만들어집니다. 출생 주 수만큼 통잠이 가능하다는 이 계산법은 아이의 발달 리듬을 이해하고, 수유를 천천히 줄여가는 시점을 판단하는 데 좋은 기준이 됩니다.

물론 아이의 체중 증가나 수유량, 수면의 질에 따라 주 수에서 1~2시간 정도 보수적으로 조정하는 것도 괜찮습니다. 중요한 것은 이 흐름을 억지로 조절하는 것이 아니라 아이가 자연스럽게 커가는 속도를 인정하면서 따라가는 것입니다.

12

세계보건기구 성장곡선 확인하기

수면 교육을 시작하기 전 반드시 확인해야 할 것이 있습니다. 바로 우리 아이의 성장 상태입니다. 아이가 잘 먹고 잘 자라는지 확인하는 일은 수면 교육과 밀접하게 연결되어 있습니다. 건강하게 성장하는 아이는 생체리듬이 안정되기 쉽고, 밤잠도 더 잘 자게 될 가능성이 높습니다.

그렇다면 아이의 성장을 객관적으로 확인할 수 있는 방법은 무엇일까요? 바로 '성장곡선'입니다. 우리나라의 경우, 태어난 이후 만 3세까지의 성장은 세계보건기구 성장기준표를 따릅니다. 성장곡선을 정확히 읽고 해석하는 방법을 알려드리겠습니다.

1단계: 아이에게 맞는 성장곡선 고르기

세계보건기구 성장곡선은 아이의 성별과 연령에 따라 다양한 형태로 나뉘어 있습니다.

- 성별 확인: 남아용과 여아용으로 구분되어 있습니다.
- 연령대 확인: 0~13주용은 '주 단위'로, 0~24개월용은 '개월 단위'로 구성되어 있습니다.

주 단위 표는 출생 직후 체중 변화를 정밀하게 볼 때 사용하고, 개월 단위 표는 전반적인 성장 추세를 보는 데 유용합니다.

(단위: kg)

남아 체중 백분위수(0~13주)

남아 체중 백분위수(0~24개월)

여아 체중 백분위수(0~13주)

출처: 대한모유수유의사회

2단계: 아이의 측정값 점 찍기

성장곡선 차트에 아이의 측정치를 점으로 표시합니다.

- 세로축(Y축): 아이의 '개월 수'입니다. 0개월은 출생 시점입니다.
- 가로축(X축): 아이의 '체중(kg)'입니다.
- 표시하기: 개월 수와 체중이 만나는 교차점에 점(·)을 찍으세요.

출생 시 체중을 표시하고, 이후 정기 검진마다 기록된 값들을 함께 점으로 찍어 성장 추이를 그려보세요.

예시 4개월 여아: 출생 시 체중 2.8kg → 4개월(120일) 체중 5.9kg

(단위: kg)

개월	백분위수										
	1	3	5	15	25	50	75	85	95	97	99
0	2.3	2.4	2.5	2.8	2.9	3.2	3.6	3.7	4.0	4.2	4.4
1	3.0	3.2	3.3	3.6	3.8	4.2	4.6	4.8	5.2	5.4	5.7
2	3.8	4.0	4.1	4.5	4.7	5.1	5.6	5.9	6.3	6.5	6.9
3	4.4	4.6	4.7	5.1	5.4	5.8	6.4	6.7	7.2	7.4	7.8
4	4.8	5.1	5.2	5.6	5.9	6.4	7.0	7.3	7.9	8.1	8.6
5	5.2	5.5	5.6	6.1	6.4	6.9	7.5	7.8	8.4	8.7	9.2
6	5.5	5.8	6.0	6.4	6.7	7.3	7.9	8.3	8.9	9.2	9.7
7	5.8	6.1	6.3	6.7	7.0	7.6	8.3	8.7	9.4	9.6	10.2
8	6.0	6.3	6.5	7.0	7.3	7.9	8.6	9.0	9.7	10.0	10.6
9	6.2	6.6	6.8	7.3	7.6	8.2	8.9	9.3	10.1	10.4	11.0
10	6.4	6.8	7.0	7.5	7.8	8.5	9.2	9.6	10.4	10.7	11.3
11	6.6	7.0	7.2	7.7	8.0	8.7	9.5	9.9	10.7	11.0	11.7
12	6.8	7.1	7.3	7.9	8.2	8.9	9.7	10.2	11.0	11.3	12.0
13	6.9	7.3	7.5	8.1	8.4	9.2	10.0	10.4	11.3	11.6	12.3
14	7.1	7.5	7.7	8.3	8.6	9.4	10.2	10.7	11.5	11.9	12.6
15	7.3	7.7	7.9	8.5	8.8	9.6	10.4	10.9	11.8	12.2	12.9
16	7.4	7.8	8.1	8.7	9.0	9.8	10.7	11.2	12.1	12.5	13.2
17	7.6	8.0	8.2	8.8	9.2	10.0	10.9	11.4	12.3	12.7	13.5
18	7.8	8.2	8.4	9.0	9.4	10.2	11.1	11.6	12.6	13.0	13.8
19	7.9	8.3	8.6	9.2	9.6	10.4	11.4	11.9	12.9	13.3	14.1
20	8.1	8.5	8.7	9.4	9.8	10.6	11.6	12.1	13.1	13.5	14.4
21	8.2	8.7	8.9	9.6	10.0	10.9	11.8	12.4	13.4	13.8	14.6
22	8.4	8.8	9.1	9.8	10.2	11.1	12.0	12.6	13.6	14.1	14.9
23	8.5	9.0	9.2	9.9	10.4	11.3	12.3	12.8	13.9	14.3	15.2
24	8.7	9.2	9.4	10.1	10.6	11.5	12.5	13.1	14.2	14.6	15.5

여아 체중 백분위수(0~24개월)
출처: 대한모유수유의사회

15백분위로 태어나 4개월인 현재 25백분위로 완만하게 잘 성장하고 있습니다.

아이 체중 백분위수 표는 '2006년 세계보건기구 성장 기준'을 따릅니다. 이 기준은 그 시기의 평균이 아니라, 최적의 환경에서 자란 아이들의 이상적인 성장 패턴을 바탕으로 만들어진 세계 표준입니다.

3단계: 백분위수 이해하기

성장곡선 차트에는 3, 15, 50, 85, 97백분위수 표시가 있습니다. 백분위수(percentile)란 같은 나이, 같은 성별의 아이 100명 중 우리 아이의 키나 몸무게가 어느 위치에 있는지를 나타내는 지표입니다. 예를 들어 15백분위수라면 100명 중 15명은 우리 아이보다 작거나 가볍고, 나머지 85명은 더 크거나 무겁다는 뜻입니다.

4단계: 결과 해석하기

성장곡선을 해석할 때 가장 중요한 것은 단일 측정값 자체가 아니라, 시간에 따른 성장 '추세'를 확인하는 것입니다. 아이가 어느 백분위수이든 자신만의 분위를 따라 꾸준히 성장하는 것이 가장 좋습니다.

- 15백분위로 태어난 아이라면 그 분위수를 꾸준히 유지하거나 조금씩 올라가는 정도로 성장하면 됩니다. 반드시 50백분위에

도달해야 하는 것은 아닙니다.

- 백분위수가 갑자기 뛰거나 떨어지는 변화는 없는지 확인해보세요. 일시적인 변화일 수 있지만, 이러한 변화가 지속된다면 건강 상태나 영양 섭취 등을 점검해볼 필요가 있습니다.

TIP 이런 경우에는 확인이 필요해요

- 3백분위 미만 또는 97백분위 초과인 경우
- 백분위선이 2단계 이상 하락한 경우(예: 85 → 25 → 5백분위수)
- 체중 곡선이 일정하지 않고 널뛰는 경우
→ 이때는 '키 대비 체중'을 함께 확인하고, 소아과 주치의와 상담하세요.

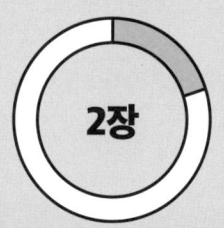

수면 교육 바로 알기

01

수면 교육은 교육이 아니다

　수면 교육은 아이에게 무언가를 가르치거나, 문제를 고치는 과정이 아닙니다. 아이는 본래 잠을 잘 수 있는 능력을 지니고 태어나며, 수면 교육은 그 능력이 발휘될 수 있도록 엄마가 아이의 리듬을 이해하고, 환경을 만들어주며, 신호에 민감하게 반응하는 방법을 배워가는 과정입니다.

　하지만 '수면 교육'이라는 용어 때문에 그 본질을 오해하는 경우가 많습니다. 아이를 혼자 재우거나, 울음을 내버려두는 훈련처럼 여겨지는 경향이 있습니다. 'sleep training'이라는 영어 표현이 '수면 교육'이라는 한국어로 번역되었고, 이 표현 때문에 길들이고 변화시키는 과정이라고 인식되기 쉽습니다.

저 역시 이 용어의 한계를 잘 알고 있습니다. 그래서 더 나은 표현이 있다면 기꺼이 바꾸고 싶지만 아직 수면 교육을 대체할 단어가 없기에 이 책에서는 '수면 교육'이라는 용어를 쓰되 그 의미를 새롭게 정의하여 사용하고자 합니다.

이 책에서 말하는 수면 교육은 아이를 바꾸는 일이 아닙니다. 아이의 리듬을 읽고, 이해하고, 함께 흐름을 만들어가는 일입니다. 수면은 아이의 신호와 반응, 하루 일과, 정서적 교감 그리고 수면 환경까지 모두 맞물려 이루어지는 과정입니다. 그래서 수면 교육은 '잠자는 법'을 따로 떼어 '가르치는 것'이 아니라, 아이가 하루를 어떻게 살아가고, 엄마와 어떤 관계를 맺으며, 감정과 몸을 어떻게 조절해 나가는지를 함께 배우는 여정입니다.

수면은 하루의 끝이 아니라, 하루 전체의 결과입니다. 이 흐름 속에서 엄마는 아이의 신호에 민감해지고, 아이는 예측 가능한 리듬 안에서 스스로 조절하는 법을 익혀갑니다. 아이의 리듬을 읽고, 스스로 잠들 수 있는 힘을 믿으며, 예측 가능한 하루 흐름과 안정된 환경을 만들어주는 것이 이 책이 말하는 수면 교육의 핵심입니다.

저희 연구소에서는 'R.E.S.P.E.C.T. 수면 교육(아이 존중 수면 교육)'이라는 원칙을 다음 7가지로 정의하고 있습니다.

- R: Respect Rhythm & Needs(아이의 리듬과 욕구를 존중한다.)
- E: Everyday Schedule(아이의 리듬에 맞는 하루 일과를 만든다.)
- S: Self-soothing(아이가 지닌 자기 진정 능력을 신뢰한다.)

- P: Practice & Potential(자기 진정 능력을 발휘하기 위해 연습하며, 본래 가지고 있는 잠재력을 끌어낸다.)
- E: Environment(엄마는 안정적인 환경을 만들어준다.)
- C: Connection(깨어 있는 동안 아이와 깊이 상호 작용하여 연결감과 안정감을 느끼도록 돕는다.)
- T: True Rest(그 결과, 온전한 휴식을 취할 수 있다.)

이 원칙은 이후에 나오는 모든 수면 이야기의 기본 원칙이자 실천의 뼈대가 됩니다. 수면은 아이만의 일이 아니라, 엄마와 함께 만들어가는 일상입니다. 그리고 이 일상의 핵심은 강요가 아닌 존중입니다.

02
수면 교육이 반드시 필요한 이유

수면 교육은 단지 아이가 통잠을 자도록 돕는 일이 아닙니다. 수면을 중심으로 아이의 하루 전체가 안정된 리듬을 갖게 되고, 그 안에서 아이도 엄마도 함께 변화합니다.

수면 교육을 통해 어떤 긍정적인 변화들이 나타나는지 하나씩 살펴보겠습니다.

1. 하루가 예측 가능해집니다.

수면 교육을 시작하면 가장 먼저 달라지는 것은 하루의 구조가 보이기 시작한다는 점입니다. 언제 자고, 언제 깨어나며, 수유는 언제 해야 하고, 그 후 어떤 놀이를 하면 좋은지 하루의 흐름이 눈에 보이게 됩니다.

그 결과 하루가 덜 혼란스러워집니다. 아이가 울거나 칭얼거릴 때 '왜 우는지 모르겠다'라는 막막함 대신 '지금쯤 졸릴 시간이네' 하고 아이의 신호를 이해할 수 있게 됩니다. 하루에 리듬이 생기면 수면뿐만 아니라 수유, 이유식, 놀이까지 전반적인 일과가 정돈됩니다.

예측 가능한 하루는 아이에게 심리적인 안정감을 주고, 엄마에게는 육아의 자신감을 줍니다. 아이의 안정감과 엄마의 자신감, 이 2가지는 수면 흐름이 건강하게 자리 잡는 데 가장 중요한 토대가 됩니다.

2. 수면리듬이 생기고, 수면의 질이 높아집니다.

수면 교육을 통해 아이의 수면량이 늘기도 하지만, 진짜 변화는 수면의 질에서 나타납니다. 잠드는 데 걸리는 시간이 짧아지고, 자는 도중 깨는 횟수가 줄어들며, 깊은 수면에 머무는 시간은 늘어납니다. 아이의 몸과 뇌는 자는 동안 회복하고 성장하기 때문에 뇌 발달과 면역력에 도움이 될 수밖에 없습니다.

밤잠이 안정되면 낮잠도 자연스럽게 패턴을 잡아가고, 하루 전반에 걸쳐 수면의 흐름이 조화로워집니다. 아이는 하루를 더 상쾌하게 시작할 수 있고, 피곤해 보이는 시간이 줄어들며, 하루 종일 에너지와 기분이 고르게 유지되는 모습을 보여줍니다.

3. 아이의 감정 조절 능력이 자랍니다.

아이에게 수면은 단지 '쉬는 시간'이 아니라, 하루 동안 받은 자극과 감정을 정리하고 회복하는 시간입니다. 수면이 안정되면 아이는 낮 동안 더 차분해지고, 작은 자극에도 덜 민감하게 반응하게 됩니다.

또한 잠드는 과정 자체가 자기 진정 연습입니다. 아이는 이 과정을 반복하면서 스스로 진정시키고 감정을 다스리는 방법을 익혀갑니다. 잠들기 전 몸을 이완시키고, 마음을 가라앉히는 경험은 아이가 자신의 감정을 조절하는 능력을 키우는 데 중요한 역할을 합니다.

수면 흐름이 잘 잡힌 아이는 감정의 폭이 안정되고, 스트레스 상황에서도 스스로 회복할 수 있는 기반이 생깁니다. 이처럼 수면은 정서적 자기 조절력의 근육을 키우는 시간이기도 합니다.

4. 엄마가 아이를 더 잘 이해하게 됩니다.

수면 교육의 핵심은 '아이를 재우는 기술'을 익히는 데 있지 않습니다. 오히려 수면 교육은 엄마가 아이를 더 깊이 이해하는 과정에 가깝습니다. 졸릴 때 보내는 미묘한 신호, 잠이 들기 어려울 때 보이는 몸짓, 얕은 잠에서 살짝 깼을 때의 반응을 세심하게 관찰하다 보면 아이의 신호를 더 잘 해석할 수 있게 됩니다.

이렇게 수면을 중심으로 아이의 리듬을 이해하고 맞춰가면서 엄마는 육아 전반에 대한 감각을 키우게 됩니다. 아이의 요구를 더 빠르게 파악하고, 더 적절하게 반응할 수 있게 되며, 그 과정에서 엄마로서의 자신감도 함께 자라납니다.

5. 아이와 엄마가 모두 편안해집니다.

수면 교육의 최종 목적은 통잠이 아닙니다. 가장 중요한 변화는 아이는 안정된 하루를 보내고, 엄마는 덜 지치고 불안하지 않은 육아를 하게 된다는 것입니다.

아이가 잘 자면 더 잘 놀 수 있고, 잘 놀면 더 잘 먹을 수 있으며, 잘 먹으면 다시 잘 잠들 수 있습니다. 이렇게 하루의 흐름이 부드럽게 이어지면 아이의 전반적인 발달과 정서에도 긍정적인 변화가 찾아옵니다.

또한 수면 교육은 엄마의 삶도 함께 회복시키는 과정입니다. 반복되는 육아 스트레스, 혼란스러운 하루를 조금씩 정리하고 나면 아이와 엄마 모두에게 '숨 쉴 틈'이 생깁니다.

무엇보다 아이가 잘 쉬면 엄마도 그만큼 재충전할 수 있고, 그 덕분에 아이가 깨어 있는 시간에는 더 온전히 아이에게 집중할 수 있습니다. 엄마의 휴식은 단지 엄마만을 위한 것이 아니라, 결국 아이에게 도움이 되는 시간입니다. 이것이 바로 우리가 수면 교육을 통해 얻을 수 있는 가장 핵심적인 변화입니다.

03
수면 교육의 오해와 진실

　수면 교육을 결심하는 순간, 엄마의 마음에 가장 먼저 떠오르는 것은 '어떻게 해야 할까?'라는 방법에 대한 고민보다 '정말 해도 괜찮을까?' 하는 불안입니다. 그만큼 수면 교육에 대해 단편적인 이미지나 잘못된 정보로 인한 오해도 많습니다. 여기서는 실제 엄마들이 자주 묻는 질문을 중심으로, 수면 교육에 대한 흔한 오해와 그에 대한 진실을 차분히 정리해보려 합니다.

1. 수면 교육은 통잠이 목표인가요? → NO.
　수면 교육을 하면 통잠을 자게 되는 경우가 많지만, 그건 결과이지 목표는 아닙니다. 진짜 핵심은 아이의 수면리듬을 이해하고, 하루 일과를 안정되게 구성하며, 아이가 보내는 신호에 민감하게 반응하는 것입니다. 이런 조건이 갖춰지면 통잠은 자연스럽게 따라오는 변화입니다.

하지만 오직 '통잠'에만 초점을 두면 오히려 아이의 리듬을 놓치게 되고, 억지로 재우려는 시도가 엄마-아이 관계를 불안하게 만들 수 있습니다. 수면 교육은 통잠을 만드는 훈련이 아니라, 아이의 하루를 안정시키고 그 안에서 스스로 편안해질 수 있도록 돕는 여정입니다.

2. 수면 교육은 분리수면을 해야 하는 건가요? → NO.

수면 교육은 '어디에서 자느냐'보다 '어떻게 자느냐'에 관한 것입니다. 같은 방에서 자든, 다른 방에서 자든 수면 교육에는 전혀 상관이 없습니다. 중요한 건 공간이 아니라 아이의 리듬을 잘 관찰하고, 일관된 루틴과 안정적인 수면 환경을 만들어주는 것입니다.

분리수면은 단지 선택지 중 하나일 뿐입니다. 반드시 해야 하는 것도, 하지 말아야 하는 것도 아닙니다. 가족의 상황, 아이의 성향, 방을 분리할지 같은 방을 사용할지 등을 고려하여 가장 편안하고 안정적인 방법을 선택하면 됩니다.

단, 방을 함께 쓰더라도 침대는 분리해서 사용하는 것이 중요합니다. 이는 영아돌연사증후군(SIDS)을 예방하기 위한 조치로 돌 이전까지 침대 분리는 소아과학회에서 권장하는 기본 수면 안전수칙입니다.

3. 수면 교육은 엄마 편하자고 아이를 힘들게 하는 거 아닌가요?
→ NO.

수면 교육은 아이에게 편안한 수면 환경을 만들어주고, 아이 스스로 잠들 수 있는 힘을 키워주는 과정입니다. 결코 엄마의 편의를 위해 아이를 '훈련'하는 것이 아닙니다.

아이의 수면은 단순한 휴식이 아니라, 뇌의 성장, 정서의 회복, 감각의 통합 등 발달에 꼭 필요한 시간입니다. 수면이 안정되면 아이는 하루를 더 안정적이고 활기차게 보내고, 더 잘 먹고, 더 잘 놀 수 있게 됩니다. 물론 아이가 잘 자면 엄마 역시 더 잘 쉴 수 있습니다. 하지만 이것은 수면 교육의 '목적'이 아니라, 아이의 리듬이 건강하게 자리 잡았을 때 자연스럽게 따라오는 부산물에 가깝습니다.

4. 수면 교육을 하면 애착에 나쁘지 않을까요? → NO.

수면 교육을 가장 많이 오해하게 만드는 지점 중 하나가 바로 '애착'입니다. "혹시 아이가 정서적으로 상처받는 건 아닐까?", "혼자 잠들게 하면 관계가 멀어지지 않을까?" 이런 불안은 매우 자연스러운 것입니다.

하지만 실제로는 정반대입니다. 수면 교육은 애착을 해치는 일이 아니라, 애착을 바탕으로 수면을 안정시키는 과정입니다. 오히려 아이와 엄마 사이에 신뢰가 쌓여 있을수록 수면 교육은 더 순조롭게 이루어집니다.

아이가 낮 동안 엄마와 충분히 교감하고 정서적 유대를 경험하면 밤에도 훨씬 더 편안하게 잠들 수 있습니다. 수면 루틴, 스킨십, 말 걸기, 자장가 같은 따뜻한 상호 작용은 아이에게 '나는 안전하다'는 메시지를 주고, 그 안정감이 잠으로 이어지게 됩니다.

또한 수면 교육은 아이가 울지 않게 만드는 과정이 아니라, 아이의 울음도 하나의 '신호'로 이해하고 적절하게 반응하는 훈련이기도 합니다. 특히 '잠울음'은 아이가 스스로 진정하기 위해 선택하는 자기 조절 전략 중 하나입니다. 이때 중요한 것은 엄마가 아이의 울음을 무시하거나 방치하는 것이 아니라, 그 울음을 인정하고 필요한 정도의 도움을 주면서 점차 아이가 스스로 진정할 수 있도록 도와주는 것입니다.

예를 들어 아이가 지금까지 100% 엄마의 도움을 받아 잠들었다면, 이제는 그 비율을 서서히 조정해 나가는 방식이 필요합니다. 엄마의 도움은 90%, 80%, 70%로 줄여가고, 아이 스스로 진정해서 잠드는 비율은 10%, 20%, 30%로 점차 늘려가는 것입니다.

이 속도는 아이의 개월 수, 지금까지의 수면 습관 그리고 엄마가 도와주고 싶은 정도에 따라 달라질 수 있습니다. 이처럼 엄마가 아이의 신호를 존중하면서도 적절한 거리와 역할을 조율하는 과정은 아이에게 안정감을 제공하면서도 자기 진정 능력을 키워주는 균형 잡힌 접근입니다.

수면 교육은 아이를 울다 지쳐서 재우는 것이 아니라, 아이의 생리적 발달에 필요한 능력을 자연스럽게 키워주는 기회입니다. 그리고 그 과정은 애착을 해치는 것이 아니라, 오히려 엄마와 아이 사이의 신뢰를 더 깊게 만들어 줍니다.

  장기적으로 아이는 더 안정적인 정서를 갖게 되고, 엄마 역시 덜 지치고 깨어 있는 동안 더 집중할 수 있게 되면서 아이와 더 깊은 연결감을 느끼게 됩니다. 결국 수면 교육은 아이와 엄마가 함께 편안해지는 방법입니다.

04

수면 교육 성공의 3가지 핵심요소

수면 교육은 마치 거친 파도를 항해하는 여정과도 같습니다. 잠든 아이의 모습은 고요하고 평화로워 보이지만, 실제로 잠에 드는 과정은 아이에게 매우 큰 에너지 전환이 일어나는 순간입니다. 깨어 있을 때는 자극에 민감하고 활기찬 각성 상태이고, 잠을 자는 것은 몸과 마음이 완전히 이완된 안정 상태입니다. 이처럼 서로 다른 두 상태를 오가는 전환의 과정이 바로 '잠드는 순간'입니다.

수면 교육은 아이가 이 여정을 혼자 견디도록 내버려두는 일이 아니라, 옆에서 흐름을 이해하고 적절한 환경을 만들어주며, 조용히 지지해주는 일입니다. 아이가 잠드는 주체라면, 엄마는 그 여정이 자연스럽게 흘러갈 수 있도록 도와주는 조력자이자 안내자입니다. 이 여정이 중간에 흔들리지 않고 끝까지 온전히 이어지기 위해서는 꼭 기억해야 할 3가지 핵심요소가 있습니다.

1. 아이 수면에 대한 이해

아이는 성인과 전혀 다른 수면 구조와 리듬을 가집니다. 주기가 짧고, 얕은 잠이 많으며, 신경계가 충분히 성숙하지 않아서 주변 자극에 훨씬 민감합니다. 낮 동안의 감각 자극이나 엄마와의 상호 작용, 하루 일과의 안정성 등이 수면 흐름에 직결됩니다.

이 기본적인 원리를 모른 채 '잘 재우는 방법'만 시도하면 흐름이 흔들릴 때마다 불안해지고 중심을 잃기 쉽습니다. 반대로, 수면의 원리를 이해하고 나면 아이의 수면 반응을 자연스럽게 받아들일 수 있게 되고, 엄마의 마음도 훨씬 더 유연해집니다.

2. 잠울음에 대한 올바른 이해

수면 교육에서 가장 많은 엄마들이 흔들리는 지점이 바로 이 잠울음입니다. 혼자 수면 교육을 시도했지만 아이가 너무 많이 울어서 결국 포기했다는 분들을 자주 만납니다.

하지만 이 울음은 단순히 불편함을 표현하는 게 아니라는 점을 명확히 해야 합니다. 잠울음은 아이가 스스로 진정시키기 위해 사용하는 전략입니다. 아직 신체 조절이 미숙한 어린아이는 울음 외에 손가락 빨기나 자세 바꾸기 같은 다양한 전략을 사용하기 어렵기 때문에 울음을 통해 스스로 이완하려고 노력합니다. 이 울음을

'문제'가 아닌 '과정'으로 이해하면, 엄마는 훨씬 더 단단하게 중심을 잡고 아이를 도울 수 있게 됩니다.

아이 스스로 진정할 수 있는 힘을 믿어주는 일과 필요한 만큼 안정감을 제공하는 일, 이 둘 사이의 균형을 찾아가는 것이 잠울음을 대하는 가장 건강한 방식입니다.

3. 엄마의 안정감

수면 교육에서 가장 중요한 요소는 엄마의 감정 상태, 즉 안정감입니다. 아이의 수면 흐름을 조율하고 환경을 만들어가는 주체는 결국 엄마이기 때문입니다.

그리고 아이는 엄마의 마음을 매우 예민하게 느낍니다. 영유아기는 정서적 동기화가 활발한 시기로, 아이는 엄마의 긴장이나 불안을 마치 거울처럼 함께 느끼고 반응합니다. 엄마가 흔들리면 아이도 흔들리는 이유가 여기에 있습니다.

수면 흐름이 불안정할 때 가장 먼저 무너지는 건 엄마의 마음입니다. '내가 뭔가 잘못하고 있는 건 아닐까?', '이게 아이에게 무리인 건 아닐까?' 이런 의문이 반복되면, 아이 역시 그 불안한 에너지를 고스란히 받아들이게 됩니다. 반대로 엄마가 충분히 편안하고 일관된 태도로 아이를 바라볼 때 수면은 조금씩 안정되기 시작합니다.

완벽하지 않아도 괜찮습니다. 중요한 것은 이 시도가 아이에게 도움이 되고 있다는 믿음, 그리고 아이의 리듬을 지켜주려는 의지를 잃지 않는 것입니다.

이 3가지 요소는 수면 교육이라는 여정이 기술이나 방식에 휘둘리지 않도록 중심을 잡아주는 나침반 같은 역할을 합니다. 아이의 리듬을 이해하고, 잠울음을 받아들이며, 엄마 스스로 중심을 지켜 나가는 것. 이것이 전제가 될 때 비로소 수면 교육은 훈련이 아니라 '함께 성장하는 과정'이 될 수 있습니다.

05

수면 교육은 언제 시작해야 할까?

수면 교육은 '언제 시작해야 한다'는 기준보다, 시기마다 할 수 있는 것들이 다르다는 점을 아는 것이 중요합니다. 지금 이 시기에 가능한 것이 무엇인지 알고, 거기에 맞게 하나씩 시작해 보세요.

1. 출생 직후부터 가능한 것: 수면 환경 세팅, 빛 조절

아이가 태어난 직후부터 바로 시작할 수 있는 것은 수면 환경을 세팅하는 일입니다. 조명, 소음, 온도, 안전한 침대를 만들어주는 것은 태어난 첫날부터 바로 조정할 수 있고, 이는 아이의 안정감과 수면의 질에 직접적인 영향을 줍니다(자세한 방법은 '3장 [1~2단계] 수면 환경 세팅' 참고).

또한 이 시기에 할 수 있는 가장 중요한 활동은 빛을 활용해 밤낮을 구분해주는 것입니다. 수시로 먹고 자는 아이의 패턴 때문에 24시간이 밤낮 구분 없이 돌아간다고 느껴질 수 있지만 낮에는 커튼을 열어 밝은 빛 아래에서 활동하게 하고, 밤에는 조명을 어둡게 유지하면서 수유나 기저귀 갈이를 조용히 해주어야 합니다. 이렇게 낮과 밤의 분위기를 명확히 구분해주면, 아이의 생체리듬이 보다 빠르게 자리 잡기 시작합니다(하루 일과를 만드는 방법은 '4장 [3단계] 아이에게 맞는 하루 일과 만들기' 참고).

2. 생후 2~3주부터 가능한 것: 먹-놀-잠 흐름 만들기

생후 2~3주쯤이 되면, 아이는 먹고 자는 리듬 속에 잠깐씩 깨어 있는 시간이 생기기 시작합니다. 이 짧은 각성 시간 동안 아이와 눈을 맞추고 말을 걸거나, 간단한 스킨십을 통해 교감하는 시간을 가지세요. 이때부터 서서히 '먹고 놀고 자는' 흐름(먹-놀-잠)을 시도해볼 수 있습니다.

완벽하게 이어지지 않더라도 먹고 → 놀고 → 자는 흐름을 반복하려는 의식적인 시도가 중요합니다. 이렇게 하루의 리듬을 만들어주면 아이는 다음에 무엇이 올지 점점 더 잘 예측하게 되고, 이 예측 가능성이 정서적 안정과 수면 전환에 큰 도움이 됩니다.

특히 이 시기부터는 먹으면서 잠들지 않도록 '수유와 수면을 분리해주는 연습'을 조금씩 시도해보는 것이 좋습니다. 태어난 직후에는 수유하면서 잠드는 것이 자연스럽고 당연하지만, 깨어 있는 시간이 조금씩 생기기 시작하는 지금이 바로 흐름을 만들어갈 수 있는 좋은 시기입니다. 수유가 끝난 뒤 아이가 완전히 잠들기 전에 잠깐 안아주거나 교감하는 시간을 가지면서, 먹는 행위와 잠드는 행위를 분리하는 경험을 쌓아가는 것이 중요합니다.

이러한 습관은 나중에 수유 없이도 편안하게 잠드는 힘을 기르는 데 큰 밑바탕이 됩니다. 하루 일과 속에서 먹고, 놀고, 자는 흐름을 천천히 만들어가는 것이 수면 교육의 가장 자연스러운 시작입니다.

3. 생후 6주 이후부터 가능한 것: 스스로 잠들기 연습, 통잠 연습

보통 생후 6주부터는 아이의 수면-각성 리듬이 조금씩 안정되기 시작하고, 밤에 분비되는 멜라토닌(수면 유도 호르몬)의 양도 증가합니다.

이 시기에는 밤잠의 길이가 점차 늘어날 수 있는 생리적 준비가 갖춰지기 시작해서 아이 스스로 진정하며 잠드는 연습이 가능합니다. 그래서 수유나 안기, 흔들기 등의 외부 자극 없이도 천천히 잠드는 자기 진정 연습을 해보면 좋습니다. 물론 단번에 이루어지는 일은 아니며, 아이의 반응을 살피며 천천히 보조를 맞춰가면 됩니다.

4. 진짜 시작은? 엄마가 준비되었을 때!

가장 중요한 것은 아이가 생후 몇 주, 몇 개월이 되었는가보다 엄마가 준비되었는가입니다. 수면 교육은 아이에게 무언가를 '시키는 것'이 아니라, 엄마가 아이의 수면리듬을 이해하고 그 흐름을 조율해주는 일입니다.

따라서 수면 교육을 시작할 수 있는 진짜 시점은 엄마가 아이의 수면 구조와 리듬을 어느 정도 이해했을 때, 잠울음에 대한 기본적인 인식이 생겼을 때, 그리고 가장 중요한 '나는 지금 준비되었다'는 자신감이 생겼을 때입니다.

엄마가 불안하고 중심이 흔들리면, 아이 역시 금방 반응하게 됩니다. 반대로, 엄마가 자신을 믿고 아이를 믿으며 따뜻하고 일관된 태도를 유지한다면, 그 어떤 방식이든 아이의 리듬에 맞춘 건강한 수면 흐름을 만들 수 있습니다.

06

수면 교육의 올바른 진행순서

수면 교육을 시작하려는 많은 엄마들이 가장 먼저 떠올리는 목표는 '스스로 잠들기'나 '통잠'입니다. 이 2가지는 최종적으로 얻어지는 결과물이지만 출발점은 아닙니다.

수면 교육을 중도에 포기하게 되는 가장 큰 이유도 바로 여기에 있습니다. 수면 교육에 대해 충분한 준비 없이 곧장 '혼자 재우기'에 돌입하면, 아이도 엄마도 금방 지치고 흔들릴 수밖에 없습니다.

수면 교육은 반드시 단계를 밟아야 합니다. 아이의 발달과 리듬을 이해하고, 지금 이 시점에서 어떤 준비가 되어 있는지 점검한 뒤, 다음 단계로 넘어가야 아이에게도 무리가 없습니다. 각 단계는 서로 연결되어 있고, 앞 단계가 어느 정도 안정되었을 때 다음 단계가 효과를 발휘할 수 있습니다.

R.E.S.P.E.C.T. 수면 교육(아이 존중 수면 교육) 5단계를 소개합니다.

1단계. 엄마의 사전 준비

수면 교육의 출발점은 '아이를 재우는 기술'이 아니라 엄마의 준비 상태입니다. 아이의 수면 구조와 리듬에 대한 이해, 잠울음에 대한 올바른 인식, 그리고 '지금 나는 흔들리지 않고 시작할 수 있다'는 마음의 안정감이 준비되었는지 확인하는 것이 가장 먼저입니다. 엄마가 중심을 잡고 시작하는 수면 교육은 그 자체로 아이에게 안정감을 전달합니다.

엄마가 편안함을 느끼기 위해 꼭 모든 걸 완벽히 해낼 필요는 없습니다. 아이의 수면에 대한 기본적인 이해와 지식만 있어도, 훨씬 안정된 마음으로 수면 교육을 시작할 수 있습니다.

2단계. 수면 환경 세팅

1단계 준비가 되었다면, 이제 아이가 편안하게 잘 수 있도록 물리적·정서적 환경을 조성하는 단계입니다. 조용하고 어두운 공간, 안전한 침구, 낮과 밤의 분위기를 명확히 구분하는 빛 조절 등은 모두 수면의 질과 리듬 형성에 큰 영향을 줍니다.

이 환경은 단순한 배경이 아니라, 아이가 지금은 자야 할 시간이라는 신호를 인식하고 안정감을 느끼게 해주는 중요한 요소입니다.

3단계. 아이에게 맞는 하루 일과 만들기

2단계 수면 환경이 세팅되었다면, 다음은 예측 가능한 하루 일과를 만들어주는 단계입니다. 아이의 개월 수에 따른 깨어 있는 시간을 바탕으로 먹고, 놀고, 자는 순서를 기본 흐름으로 삼아 하루의 일과를 만들어 줍니다. 기존의 수면연관(안아서 재우기 등)이 있다면 그대로 유지한 채 일과를 먼저 안정시키는 것이 우선입니다. 즉, '잠드는 방식'을 바꾸기보다 '하루의 틀'을 먼저 만들어주는 것이 이 단계의 핵심입니다.

이때 아이는 스스로 '지금은 먹는 시간, 이제는 노는 시간, 다음은 자는 시간'처럼 하루의 흐름을 예측하게 됩니다. 아이는 예측 가능한 하루 리듬 속에서 정서적 안정감을 느끼고, 그 안정감 덕분에 잠드는 과정도 훨씬 매끄러워집니다.

만약 수유와 수면이 분리되지 않았다면 먹고, 자는 것을 분리하는 연습도 꼭 포함해야 합니다. 먹는 행위와 잠드는 행위를 분리하는 경험이 누적되면 수유 없이도 잠들 수 있는 기반이 형성됩니다. 즉, 젖이나 젖병을 물고 자는 경우에는 3단계에서 수유와 수면을 분리하는 연습을 충분히 해주어야 합니다.

4단계. 스스로 잠들기 연습

3단계 하루 일과가 안정되었다면, 이제 '잠드는 방식'에 집중해 볼 수 있습니다. 이 단계에서는 기존의 수면연관을 조금씩 줄여가면서, 아이가 자기만의 진정 전략을 사용할 수 있는 기회를 만들어주는 것이 핵심입니다.

 엄마의 도움을 점차 줄여가며, 아이가 스스로 이완하고 잠들 수 있는 흐름을 형성해보는 시기입니다. 당연히 처음부터 완벽하게 되지는 않습니다. 그리고 완벽하게 될 것을 기대해서도 안 됩니다. 수면 교육은 단기간의 이벤트가 아니라, 매일 엄마가 아이를 이해하고 반응하는 과정이기 때문입니다.

 어제는 안아서 재웠더라도 오늘은 덜 안아주는 방식으로 조정하고, 내일은 한 걸음 더 나아가는 식으로 흐름을 이어갑니다. 이런 경험이 차곡차곡 쌓이면서 아이는 점점 스스로 이완하고 잠드는 법을 익혀갑니다. 그 과정에서 엄마 역시 아이의 신호를 더 섬세하게 읽는 감각을 함께 키워가게 됩니다.

5단계. 통잠 늘리기 연습

 4단계에서 스스로 잠드는 힘이 어느 정도 자리를 잡았다면, 이제는 밤잠의 연속성을 늘려가는 시기입니다. 아이는 밤잠을 자는 동안 여러 번 얕은 수면 구간을 지나게 됩니다. 이때마다 눈을 뜨거나 몸을 움직이며 깨는 듯한 행동을 보일 수 있는데, 이 모든 반응이 '완전히 깬 것'을 의미하지는 않습니다.

 따라서 이 시기에는 반응을 천천히 하고, 지금의 울음이나 움직임이 '완전히 깬 것인지' 아니면 '다시 잠들 수 있는 수면 반응인지'를 구분하여 도와주는 것이 중요합니다. 이렇게 엄마가 즉각적인 개입을 조금씩 늦추고, 아이가 다시 스스로 잠들 기회를 갖도록 돕는 과정이 통잠을 조금씩 늘려가는 데 핵심적인 역할을 합니다.

2부에서는 이 5단계를 바탕으로 실제 수면 습관을 어떻게 만들어야 하는지에 대한 구체적인 로드맵을 제시합니다.

── 2부 ──

실전에서 통하는
수면 교육 로드맵

[1~2단계] 수면 환경 세팅

01
엄마의 준비

　수면 교육에서 가장 중요한 환경은 침대도 암막 커튼도 아닙니다. 바로 '엄마'입니다. 빛, 온도, 수면조끼보다 아이가 가장 먼저 민감하게 받아들이는 건 엄마의 감정과 태도입니다. 수면 교육은 아이에게 어떤 행동을 '시키는 것'이 아니라, 엄마가 아이의 리듬을 이해하고 그 흐름을 함께 만들어가는 과정이라고 여러 차례 강조했습니다.

　그래서 수면 교육의 첫걸음은 아이가 아니라, 엄마의 준비입니다. '아이를 향한 따뜻한 관찰, 흔들려도 다시 중심을 잡는 마음, 내가 무엇을 왜 하려는지에 대한 명확한 이유' 이 3가지가 바로 수면 교육의 출발선입니다.

1. 아이 수면에 대한 이해

수면 교육은 '기술'이 아니라, '이해'에서 시작됩니다. 아이가 자주 깨는 이유, 낮잠이 짧은 이유, 잠울음의 의미 같은 수면의 기본 원리를 알고 있으면 같은 상황에서도 훨씬 차분하게 받아들이고 유연하게 반응할 수 있습니다.

불안은 모를 때 커지고, 흔들림은 기준이 없을 때 생깁니다. 이 책의 1~2장에서 다룬 내용을 차분히 읽고 이해했다면, 이미 절반은 준비된 셈입니다.

2. 우리 가족에게 맞는 수면 교육 찾기

앞서 설명한 대로 수면 교육은 총 5단계로 진행됩니다.

1단계	엄마의 사전 준비
2단계	수면 환경 세팅
3단계	아이에게 맞는 하루 일과 만들기
4단계	스스로 잠들기 연습
5단계	통잠 늘리기 연습

수면 교육 5단계

중요한 건 꼭 5단계까지 모두 진행해야 하는 것은 아니라는 점입니다. 어떤 아이는 1~3단계만으로도 충분히 안정된 수면리듬을 가질 수 있고, 특별한 연습 없이도 스스로 잠드는 이른바 '유니콘 아기'들도 있습니다. 물론 그 배경에는 부모의 태도나 수면 환경이 긍정적으로 작용했을 가능성도 큽니다.

또 어떤 가정은 양육 철학상 스스로 잠들기 연습 자체를 선택하지 않기도 합니다. 반대로, 아이의 성장 발달을 위해 4단계 또는 5단계까지의 도움이 꼭 필요한 경우도 있습니다.

결국 수면 교육은 모든 아이에게 똑같은 목표를 요구하는 것이 아닙니다. 아이의 상황, 부모의 양육 철학, 가정의 상황에 따라 적절한 단계와 목표를 선택할 수 있는 유연한 과정입니다.

단, 한 가지 기억할 점은 있습니다. 모든 단계를 꼭 거칠 필요는 없지만, 전문가의 도움 없이 엄마가 직접 진행할 경우에는 단계의 순서를 지켜가는 것이 가장 효과적이고 안정적인 방법이라는 점입니다. 아이의 준비 상태에 맞춰 한 걸음씩 나아가는 것이 수면 교육의 성공 가능성을 높여줍니다.

3. 스스로 잠드는 연습을 시작한다고 아이에게 말해주기

만약 우리 가족이 4단계, 즉 스스로 잠들기 연습을 선택했다면 그 이유는 무엇인가요? 이유가 분명하고 엄마 자신이 납득이 되어야 흔들리지 않습니다. 그리고 그 이유는 아이에게도 설명해 주어야 합니다.

'말을 못하는 아이에게 어떻게 설명하지?'라고 생각할 수 있지만, 비록 말을 이해하지 못해도 엄마가 전하는 말의 감정, 에너지, 진심은 고스란히 느낄 수 있습니다. 그리고 이 말은 아이에게 전하는 동시에 '왜 이 과정을 시작하는지'를 다시 확인하는 엄마 자신에게 하는 말이기도 합니다. 새로운 수면 방식 앞에서 아이가 혼란스럽지 않도록 따뜻하고 당연한 느낌으로 변화의 이유를 설명해주세요.

> 예시

"○○야, 오늘부터 엄마랑 '스스로 잠들기' 연습을 해볼 거야. 푹 자려면 스스로 자는 방법을 배워야 해. 그래서 오늘부터 연습을 시작할 거야! 어때, 멋지지?

늘 엄마가 재워줬기 때문에 처음에는 스스로 자는 것이 낯설고 어려울 수 있어. 하지만 새로운 걸 처음 배울 땐 다 그런 거야. 자전거를 탈 때 처음에는 넘어지기도 하지만 계속 연습하면 어느 순간 자연스럽게 탈 수 있어.

스스로 잠드는 것도 마찬가지야. 처음에는 엄마가 도와주는 게 익숙해서 혼자 자는 게 어색할 수 있지만 하루하루 연습하다 보면 점점 익숙해지고, 나중에는 혼자서도 편안하게 잘 수 있게 된단다. 세상의 많은 일들은 그렇게 조금씩 배워가며 쉬워지는 거란다.

그리고 또 하나 중요한 사실이 있어. 잠을 자고, 깊은 잠과 얕은 잠의 파도를 넘어서 긴 잠을 자는 건 이론으로 배우는 게 아니라, 수영처럼 몸으로 익혀야 한다는 점이야. 엄마가 대신 해줄 수가 없단다.

하지만 엄마는 우리 ○○ 옆에서 이 과정을 잘 넘어갈 수 있도록 언제나 응원하고, 필요할 땐 언제나 도와줄 거야. 사실, 엄마의 역할이 그런 거 같아. 다 해주고 싶은 마음은 내려놓고, ○○가 스스로 할 수 있도록 기회를 주는 과정이 엄마가 되는 길인 것 같아.

우리 ○○도 며칠만 연습하면, 엄마처럼 스스로 잘 자는 멋진 아이가 될 거야. 힘들지만 즐겁게 잘해보자. 사랑해! 화이팅!"

02

편안한 잠을 위한 조건 10가지

아이가 잠들기 어려워하거나 자주 깨는 이유를 고민할 때, 가장 먼저 점검해야 할 것은 아이의 수면 환경입니다. 실제로 생각보다 많은 수면 문제가 아주 기본적인 환경 조건에서 비롯됩니다.

아이는 자는 동안 주변 자극에 민감하게 반응하기 때문에 단순해 보이는 요소들만 잘 조절해도, 얕은 잠에서 깨는 횟수를 줄이고 생체리듬을 안정시키는 데 큰 도움이 됩니다.

수면 환경을 잘 세팅하는 일은 수면 습관을 바꾸는 것보다 훨씬 적은 노력으로 큰 효과를 낼 수 있는 방법입니다. 또한 아이가 스스로 잠들 수 있으려면 반드시 먼저 갖춰져 있어야 하는 기본 조건이기도 합니다. 아이의 수면을 더 편안하게 도와줄 수 있는 환경

설정 방법을 구체적으로 알아보겠습니다.

1. 빛 조절

아이의 수면리듬을 만드는 데 가장 큰 영향을 주는 요소는 바로 '빛'입니다. 빛 조절은 낮과 밤을 구분하는 가장 강력한 신호입니다. 우리 몸의 생체시계(서카디안 리듬)는 햇빛의 주기에 따라 조율됩니다. 아이 역시 태어나면서부터 이 빛에 반응하며 서서히 자신의 리듬을 형성해 나가기 시작합니다.

낮에는 커튼을 열고 햇빛을 충분히 받게 해주세요. 밝은 환경은 '지금은 깨어 있을 시간'이라는 신호를 아이에게 전달합니다. 수유, 놀이 등 주요 활동은 자연광이 드는 공간에서 하도록 유도하면 좋습니다.

밤에는 조명을 최대한 줄여주세요. 수유나 기저귀를 갈아야 할 때는 간접등이나 무드등처럼 은은한 조명을 사용하고, 아이의 눈에 직접 빛이 들어가지 않도록 해주는 것도 중요합니다.

낮과 밤의 분위기를 '분명하게' 구분해주는 것이 핵심입니다. 이처럼 반복되는 리듬은 아이의 생체시계를 조절하고, 밤에 더 깊고 안정적으로 잠들 수 있는 힘을 길러줍니다.

2. 안전한 아이 침대

아이의 수면 안전을 위한 가장 중요한 준비물 중 하나는 안전한 침대입니다. 아이의 몸은 작고 움직임은 예측할 수 없기 때문에 작은 틈이나 경사, 낮은 가드 하나에도 쉽게 사고로 이어질 수 있습니다. 따라서 수면 교육을 시작하기 전, 아이에게 맞는 침대가 준비되어 있는지 반드시 점검해야 합니다.

세계보건기구와 미국소아과학회(AAP)에서는 생후 최소 6개월까지는 부모와 같은 방에서 생활하되, 잠자리는 분리된 독립적인 수면 공간에서 갖는 것을 권장합니다. 안전한 아이 침대의 조건은 다음과 같습니다.

- 침대 가드는 최소 60cm 이상이어야 합니다(낙상 방지).
- 매트리스는 단단하고 평평하며 틈이 없어야 합니다(지나치게 푹신하면 질식 위험).
- 돌 이전에는 침대 안에 베개, 이불, 인형 등 부가적인 물건은 두지 않아야 합니다(영아돌연사증후군 위험).
- 가능한 한 오래 사용할 수 있는 구조인지 확인합니다.
- 엄마가 아이의 상태를 쉽게 확인하는데 침대 높이나 구조가 적절한지 체크합니다.

침대 종류별 비교 가이드

다음은 수면 환경을 준비할 때 자주 고려되는 다양한 침대 유형을 정리한 표입니다. 각 침대의 장단점과 사용 시기, 수면 교육의 적합성 등을 함께 비교하며 참고해 보세요.

침대 종류	장점	단점	수면 교육 적합성
가드가 높은 유아용 싱글침대	견고하고, 오래 사용 가능	가격이 다소 높고, 원목이라 무게가 있음	수면 교육에 추천. 안정성이 있어 신생아부터 유아기까지 지속 사용 가능
신생아 침대/ 크립/ 베시넷	견고하고, 3개월 이전에 사용하기 적합	내부 공간이 좁아서 뒤집기가 시작되면 사용하기 어려움	뒤집기 전까지 사용 가능, 이후에는 전환 필요
이동식 침대	가볍고 이동성 좋음. 여행용으로 활용 가능	장기 사용 어려움(2세까지만 권장)	뒤집기 전까지 사용 가능, 이후에는 전환 필요
범퍼 침대	가드가 푹신해 부딪쳐도 다치지 않음. 좌식 생활에 적합	가드가 낮고, 견고하지 않아 오래 사용하기 어려움(7~9개월까지만 권장)	서기 전까지 사용 가능, 이후에는 전환 필요
패밀리 침대	부모가 옆에 있어 심리적 안정감 있음	부모의 수면 간섭, 이불과 압박 위험	수면 교육에 비추천. 야간 각성 시 개입 유도 가능성 높음
매트나 토퍼 (바닥 생활)	아이가 깨면 바로 반응 가능	먼지와 온도 문제, 경계 없음	수면 흐름이 안정된 이후라면 가능, 초기에는 불안정

침대 종류별 비교

현장에서 수면 교육을 진행하며 가장 안타깝게 느꼈던 부분 중 하나는 아이의 성장 단계에 따라 침대를 여러 번 바꾸는 것입니다.

보통은 출산 전에 아이 방을 꾸미며 '신생아 침대(배시넷, 크립)'를 준비해 사용하다가 생후 3~4개월쯤 아이가 뒤집기를 시작하고 움직임이 많아지면, 신생아 침대를 넓은 '범퍼 침대'로 바꾸는 경우가 많습니다. 하지만 범퍼 침대는 9~10개월쯤 아이가 잡고 일어서기 시작하면, 가드가 낮거나 견고하지 않아 넘어지거나 탈출 위험이 생깁니다. 결국 한 번 더 '유아 침대'로 바꾸게 됩니다.

이처럼 침대를 반복해서 교체하는 과정은 비용이나 수고 면에서도 비효율적입니다. 그래서 처음부터 가드가 높고 매트리스가 단단하고 견고한 원목 유아용 싱글침대를 선택해 아이가 성장하는 전 과정을 함께할 수 있도록 준비하는 것이 훨씬 안정적이고 효과적인 방법입니다.

3. 동일한 수면 공간

아이는 예측 가능한 환경에서 심리적인 안정감을 느낍니다. 그래서 '매번 같은 공간에서 자는 것'은 생각보다 중요한 요소입니다. 낮에는 침대, 밤에는 엄마 품, 어떤 날은 부모 침대, 어떤 날은 거실 등 수면 공간이 자주 바뀌면, 아이는 그때마다 주변을 살피고 다시 적응하느라 불필요한 에너지를 쓰게 됩니다. 낯선 공간에서는 뇌가 긴장하고, 수면 상태로 전환되는 데 오랜 시간이 걸립니다.

반면 같은 공간, 같은 침대, 같은 분위기에서 반복적으로 자게 되면 아이는 그 환경만으로도 '이제 잘 시간이야'라는 신호를 인식하게 됩니다. 이 일관성이 잠드는 시간을 줄이고, 깊은 잠으로 이어지는 데 큰 도움이 됩니다. 특히 낮잠과 밤잠을 가능한 한 같은 침대에서 자도록 해주는 것이 좋습니다(외출 시에는 어려울 수 있으니, 가정에서 지키는 기본 원칙으로 이해해 주세요).

잠자리는 단순한 장소가 아니라, 아이에게는 심리적인 안전기지입니다. 매일 반복되는 익숙한 수면 공간은 아이에게 안정감을 주고, 더 건강한 수면 습관으로 이어집니다.

TIP 수면 공간을 새로운 곳으로 옮길 때

아이가 새로운 방이나 침대로 옮겨야 할 때는 공간에 익숙해질 시간을 주세요. 낮 동안 그 공간에서 아이와 함께 노래를 부르거나, 책을 읽는 시간을 가져보세요. 또한 기존에 사용하던 침구나 애착 물건을 빨지 않고 그대로 사용하는 것도 안정감을 줄 수 있습니다. 여행처럼 낯선 공간에서 잠을 자야 할 경우에도 낮에 아이와 함께 공간을 둘러보고 소개해주는 활동만으로 아이는 훨씬 더 편안하게 적응할 수 있습니다.

4. 어두운 수면 환경

주위가 어두워지면 몸과 뇌는 준비되기 시작하고 '이제 잠잘 시간이야'라는 신호를 받게 됩니다. 이 빛의 신호가 명확할수록 수면 전환이 자연스럽고, 얕은 수면에서 자주 깨는 현상도 줄어듭니다.

가끔 "낮에는 밝게 해줘야 한다고 해서 낮잠도 밝은 환경에서 재우고 있어요"라는 이야기를 듣곤 합니다. 하지만 그건 깨어 있는 시간에 해당하는 권고입니다. 잠을 자는 시간에는 낮잠이든 밤잠이든 암막 커튼이나 암막 시트 등을 이용해 어둡게 재우는 것이 좋습니다. 수면의 질을 높이는 가장 확실한 방법 중 하나가 빛을 차단해주는 것입니다.

그렇다면 언제부터 어둡게 재워야 할까요? 생후 1~2주 동안은 아이들이 밤과 낮을 구분하지 못하는 시기이므로 이때는 어둡게 재우지 않습니다. 하지만 생후 2~3주가 지나면서 아이들은 밤과 낮을 구분하기 시작하므로 이때부터는 낮잠도 어둡게 재워주는 것이 좋습니다.

그렇다면 어느 정도 어둡게 해야 할까요? 책의 글씨가 보이지 않을 정도가 이상적입니다. 조도로 환산하면 밝기를 0(매우 밝음)에서 10(매우 어두움)으로 놓았을 때 8 이상이 적절합니다. 암막 커튼을 설치했다 하더라도 암막률이 낮다면 빛을 충분히 차단하지 못할 수 있으므로, 필요하다면 암막 시트를 추가로 붙입니다. 또한 취침 전 조명의 밝기를 점차 줄이는 것도 매우 중요합니다.

- 낮잠은 잠들기 5~15분 전부터 어둡게 분위기를 바꾸고,
- 밤잠은 취침 1시간 전부터 조명을 점차 줄여주세요.

뇌가 더 자연스럽게 수면 모드로 전환됩니다.

TIP 낮잠을 어둡게 자면 밤낮이 바뀌지 않나요?

아닙니다. 밤낮이 바뀌는 건 조명 때문이 아니라, 낮잠이 너무 길어졌을 때 생기는 현상입니다. 생후 6주 이후부터는 낮잠이 한 번에 2시간을 넘기지 않도록 조절해 주세요.

5. 온도와 습도 맞추기

쾌적한 온도와 습도는 깊은 수면을 위해 꼭 필요합니다. 너무 덥거나 춥거나, 건조한 환경은 아이의 이완을 방해하고, 쉽게 깨게 만듭니다. 적정 온도는 16~22도, 습도는 50~60% 정도가 이상적입니다.

특히 겨울철에는 과도한 난방으로 실내가 너무 건조해지지 않도록 가습기를 사용하거나 젖은 수건 등을 활용해 습도를 유지해 줍니다. 과열은 영아돌연사증후군의 주요 위험 요인으로 꼽히기 때문에 과하게 두껍거나 답답한 이불 사용은 피하고, 체온이 너무 올라가지 않도록 신경 써야 합니다. 아이가 덥거나 추운지 확인하려면 목 뒤나 가슴을 만져봅니다. 손발은 차가울 수 있지만, 중심부가 따뜻하면 괜찮습니다.

6. 스와들, 수면조끼

신생아는 아직 엄마 뱃속 환경에 익숙하고, 세상은 낯설고 자극적으로 느껴집니다. 그래서 스와들은 팔다리를 포근하게 감싸 안정감을 주는 도구가 될 수 있습니다. 특히 수면 중 놀람 반사(모로반사)를 줄여주기 때문에 스스로 깜짝 놀라 깨는 일을 줄여 깊은 수면을 유지하는 데 효과적입니다.

스와들은 보통 생후 2~3개월 전후까지 사용할 수 있으며, 아이가 뒤집기를 시도하는 즉시 사용을 중단해야 합니다. 스와들에 싸인 상태에서 엎드리게 되면 몸을 움직여 호흡을 확보하기 어려워

질식 위험이 높아지기 때문입니다.

또한 스와들은 잠잘 때만 일시적으로 사용하는 것이 바람직합니다. 아이들은 깨어 있는 동안 자유롭게 팔다리를 움직이며 감각과 운동 능력을 발달시켜야 하므로, 활동 시간에는 스와들을 벗겨 몸을 충분히 움직일 수 있도록 해주세요. 몸을 뻗고 구부리며 다양한 자세를 취하는 경험은 신체 발달에 꼭 필요한 시간입니다.

스와들 사용을 중단할 시기가 되면, 수면조끼로 자연스럽게 전환할 수 있습니다. 수면조끼는 아이의 몸통을 느슨하게 감싸 안정감을 주면서도 팔과 다리를 자유롭게 움직일 수 있어 보다 활동적인 수면 환경을 만들어줍니다. 담요보다 훨씬 안전하며, 체온 유지에도 도움이 됩니다.

스와들이나 수면조끼는 반드시 사용해야 하는 필수품은 아니며, 아이의 기질과 반응에 따라 유연하게 사용 여부를 결정하는 것이 좋습니다.

7. 베이비 모니터

베이비 모니터(베이비 캠)는 수면 교육의 필수 아이템입니다. 분리수면을 하는 경우는 물론, 같은 방에서 침대만 분리한 경우에도 아이가 스스로 잠드는 연습을 할 때 베이비 모니터는 꼭 필요합니다. 아이가 진정하는 시간을 존중하고 엄마가 한 걸음 떨어져 기다릴 수 있도록 도와주는 장치이기 때문입니다.

특히 수면 공간은 대부분 어두운 환경으로 유지되기 때문에 직접 눈으로 보는 것보다 베이비 모니터를 통해 확인하는 것이 훨씬 정확합니다. 대부분의 제품이 야간 모드가 탑재되어 어두움 속에서도 아이의 움직임, 자세, 표정 등의 반응을 섬세하게 관찰할 수 있어 아이의 수면 흐름을 모니터링하는 데 매우 유용합니다.

특히 분리수면을 하는 경우, 엄마가 방을 오가지 않고도 정확한 정보를 얻을 수 있다는 점에서 수면 전환이 예민한 아이의 흐름을 지켜주는 역할도 큽니다.

단, 베이비 모니터가 시각 정보와 청각 정보를 정확하게 제공하지만, 후각 정보는 제공하지 못한다는 점을 기억해야 합니다. 예를 들어 아이가 배변을 하거나 토를 한 경우, 화면으로는 확인이 어려울 수 있어 직접 확인하는 것을 반드시 병행해야 합니다.

8. 백색소음

백색소음은 아이의 수면 환경을 안정적으로 유지하는 데 효과적인 보조 수단입니다. 백색소음이란 빗소리, 바람 소리, 파도나 시냇물 소리 같은 자연의 소리나, 청소기, 드라이기 같은 기계 소리처럼 일정한 주파수로 지속되는 소음을 말합니다. 흔히 클래식 음악을 백색소음으로 생각하는 경우가 있는데, 클래식 음악은 백색소음에 포함되지 않습니다. 음악은 음의 높낮이, 박자, 감정적 흐름이 있기 때문에 오히려 아이에게 자극이 될 수 있습니다.

백색소음이 수면에 도움을 주는 이유는 아이가 익숙했던 엄마의 자궁 환경과 유사하기 때문입니다. 자궁 안은 놀랄 만큼 시끄러운 공간입니다. 엄마의 심장 박동, 혈류 소리, 장운동 등 다양한 생리적 소음이 끊임없이 들려옵니다. 아이에게 백색소음은 이러한 자궁 속 소리와 비슷하게 느껴져서 오히려 안정감을 주고, 특히 잠들기 전 이완 상태로 전환되는 단계에서 긴장을 풀고 편안함을 느끼게 해주는 데 도움이 됩니다.

백색소음의 또 다른 장점은 외부 소음을 가려주는 '소리의 커튼' 역할을 한다는 점입니다. 낮잠 시간 동안 생활 소음이 많거나, 새벽 시간대 출근 준비 등으로 소란스러운 환경일 때 외부 자극에 아이가 덜 노출되도록 도와줍니다. 이때 백색소음기를 소음이 발생하는 쪽과 아이 사이에 두면 보다 효과적으로 소음을 막아줄 수 있습니다.

단, 백색소음 사용 시에는 몇 가지 주의할 점이 있습니다. 기기는 아이 머리에서 최소 1.5~2m 이상 거리를 두어야 하며, 소리의 크기는 50dB(데시벨) 이하로 유지하는 것이 바람직합니다. 너무 가까운 거리에서 오랜 시간 크게 재생할 경우, 청력 발달에 영향을 줄 수 있기 때문입니다.

9. 가족의 동의

수면 교육은 하루이틀의 이벤트가 아니라, 일관된 흐름이 쌓여 새로운 수면 습관을 만드는 과정입니다. 따라서 아이를 돌보는 모든 사람이 같은 방식으로 수면 습관을 만들어주는 것이 매우 중요합니다. 엄마, 아빠는 물론이고 함께 육아를 도와주는 할머니, 할아

버지, 도우미 이모님까지 아이를 돌보는 모든 보호자가 수면 교육의 방향에 대해 충분히 이해하고, 같은 기준으로 아이를 돌보는 것이 핵심입니다.

'엄마는 수면 교육을 시작하고, 아빠는 안아서 재우고, 할머니는 울면 바로 젖병을 물리는 상황'에서는 아이가 혼란을 느끼고 수면 흐름도 흔들릴 수밖에 없습니다.

수면 교육을 시작하기 전 가족 모두가 한 번쯤 앉아서 방향을 공유하고, 각자의 생각을 나눠보는 시간을 가지면 좋습니다. 모든 보호자가 같은 목표를 가지고, 같은 방식으로 아이에게 반응할 수 있다면 수면 흐름은 훨씬 더 빠르고 안정적으로 자리 잡을 수 있습니다.

10. 엄마의 편안함

수면 교육에서 가장 중요한 환경은 '엄마의 편안한 마음'입니다. 조명이 어둡고, 침구가 안전하며, 수면 루틴이 완벽하게 갖춰져 있어도, 엄마가 불안하고 초조하면 아이는 그 분위기를 그대로 느끼게 됩니다.

특히 아이들은 말보다 더 민감하게 엄마의 표정, 몸짓, 에너지를 감지하기 때문에 엄마가 긴장하거나 불안해하면 아이도 쉽게 이완되지 못하고 잠드는 데 어려움을 겪게 됩니다.

'이렇게 한다고 정말 나아질까?' 같은 의구심과 불안은 누구에게나 당연히 찾아올 수 있는 감정입니다. 하지만 그런 순간일수록 우리가 수면 교육을 시작했던 이유를 상기하면서 일관되게 나아가는 것이 중요합니다.

수면 교육은 완벽한 계획이나 기술보다 '따뜻하고 일관된 마음'이 핵심입니다. 아이는 엄마의 중심이 흔들리지 않을 때 더 쉽게 진정하고 스스로 잠드는 힘을 키울 수 있으며, 그 마음이 수면 교육의 가장 든든한 바탕이 됩니다.

03
수면 루틴 만들기

잠이 든다는 것은 깨어 있는 각성 상태에서 완전한 이완 상태로 전환되는 과정입니다. 즉, 각성도가 낮아지고 몸과 마음이 이완되어야 잠들 수 있는데, 이완 과정을 가장 효과적으로 도와주는 방법이 바로 '수면 루틴'을 만들어주는 것입니다.

수면 루틴이란, 매일 잠자리에 들기 전 일정한 순서로 반복되는 일련의 행동을 말합니다. 이 단순한 반복이 아이에게 '이제 잘 시간이야'라는 신호가 되고, 잠들기 전 몸과 마음을 차분히 가라앉힐 수 있도록 도와줍니다.

수면 루틴은 조건반사의 원리를 활용한 수면 유도 방법으로 가장 대표적인 '좋은 수면연관' 중 하나입니다.

수면 루틴, 이렇게 만들어 보세요!

① 순서를 정합니다.

아이에게 졸음 신호가 확인되면 수면 루틴을 시작합니다. 예를 들어 '기저귀 갈기 → 옷 갈아입히기 → 책 한 권 읽기 → 자장가 부르기 → '잘 자' 인사'처럼 항상 같은 순서를 반복해 줍니다. 아이는 그 익숙한 흐름 속에서 안정감을 느끼고, 잠들 준비를 마칩니다.

예시
- 낮잠: 조도 낮추기 → 기저귀 갈기 → 스와들(또는 수면조끼) 입기 → 자장가(또는 책 읽기) → 백색소음 → '잘 자' 인사 후 퇴장
- 밤잠: 조도 낮추기 → 목욕 → 옷 갈아입히기 → 마사지 → 수유 → 자장가(또는 책 읽기) → 백색소음 → '잘 자' 인사 후 퇴장

② 활동은 차분하고 부드럽게 합니다.

책을 읽더라도 너무 재미있고 활기차게 읽는 대신, 조용하고 천천히 잠들기 좋은 분위기를 만들어 줍니다. 이 시간은 에너지를 쓰는 시간이 아니라, 에너지를 내려놓는 시간입니다.

③ 짧아도 괜찮습니다.

밤잠 전 수면 루틴은 목욕과 수유가 포함되어 30~60분 정도가 걸릴 수 있지만, 낮잠 전에는 3~5분이면 충분합니다. 짧고 간단하더라도 매일 반복되는 패턴이 중요합니다. 짧은 책 한 권, 자장가

한 소절만으로도 아이는 편안해질 수 있습니다.

④ 엄마도 이 시간을 편안하게 즐깁니다.

수면의식은 아이만을 위한 시간이 아닙니다. 분주했던 엄마에게도 잠시 숨을 고르고 아이와 천천히 연결되는 소중한 시간입니다. '지금 이 순간이 행복하다'는 감정은 엄마의 표정과 목소리를 통해 아이에게 전해집니다. 그 연결감은 아이에게 깊은 안정감을 주고, 잠드는 과정을 훨씬 더 부드럽고 편안하게 만들어 줍니다.

04
기상 루틴 만들기

 하루를 어떻게 시작하느냐가 그날의 분위기를 좌우합니다. 기상 루틴은 아이가 밤잠이나 낮잠에서 깨어났을 때 부드럽고 긍정적인 방식으로 하루를 시작할 수 있도록 돕는 과정입니다.

 갑작스럽고 자극적인 자명종처럼 아이를 깨우는 대신, 부드럽고 일관된 상호 작용으로 기상 루틴을 만들어주면 아이는 보다 차분하고 안정적으로 이후 일과를 시작할 수 있습니다. 엄마와의 따뜻한 눈 맞춤, 다정한 인사, 포근한 안기는 그 자체로 훌륭한 애착 자극이 되어 하루의 정서적 토대를 마련해 줍니다.

 우리 가족만의 기상 루틴을 만들어 보세요. 하루의 첫 순간이 엄마, 아빠와의 따뜻한 상호 작용으로 시작될 것입니다.

기상 루틴, 이렇게 만들어 보세요!

기상 루틴의 핵심은 일관성과 애정 어린 상호 작용입니다. 아이가 스스로 깨어난 경우와 엄마가 깨워야 하는 경우로 나누어 소개합니다.

상황1 아이를 깨워야 할 때

아이가 밤잠이나 낮잠을 계획한 시간보다 오래 자고 있다면 건강한 생체리듬 유지를 위해 깨워야 합니다. 이때 갑작스럽게 깨우기보다는 부드럽게 잠에서 깨어나도록 유도해주는 것이 좋습니다.

① 엄마만의 기상 루틴

아이를 깨우기 전, 엄마도 잠시 눈을 감고 하루를 준비합니다. 어제의 피곤은 내려놓고, 오늘의 새로움으로 가볍게 시작합니다. 비교하지 않고, 조급해하지 않고, 아이와 나를 믿으며 시작합니다. 완벽하려고 애쓰지 말고 그냥 가볍게 한 걸음 한 걸음 나아갑니다. 아이와 함께 있다는 사실만으로 충분한 하루입니다. 엄마의 이 짧은 여유가 오늘 하루를 바꿔줄 것입니다.

② 커튼을 열어 햇빛 들어오게 하기

커튼을 살짝 열어 은은한 자연광이 들어오게 하고, 아주 작고 부드러운 목소리로 아이 이름을 불러줍니다. 조용한 아침 음악을 틀어주거나, 자연스러운 생활소음을 들려주어도 좋아요.

③ 점차 자극 늘리기

아이가 몸을 뒤척이기 시작하면 빛을 조금 더 밝게 하거나, 목소리 톤을 조금 높여 "좋은 아침이야. 잘 잤어?" 하고 밝게 인사하면서 엄마의 환한 에너지를 아이에게 전달해 줍니다.

④ 부드러운 스킨십

아이가 여전히 깊이 자고 있다면 등을 쓰다듬거나 손을 따뜻하게 감싸줍니다. 갑자기 안거나 흔들기보다는 감각을 점진적으로 깨워줍니다.

⑤ 눈 맞추고 따뜻하게 안아주기

눈을 떴다면, 환하게 웃으며 눈을 맞춥니다. 이 순간은 밤과 낮을 이어주는 첫 연결입니다.

⑥ 차분한 목소리로 소통하기

기저귀를 갈거나 수유를 하면서 따뜻한 목소리로 말을 걸어줍니다. "오늘도 신나는 하루 보내자."

⑦ 자연스럽게 다음 일과로 연결

기저귀 갈기, 수유, 놀이 등 다음 단계로 부드럽게 이어가며 아이의 리듬을 유지해 줍니다.

상황 2 아이가 스스로 깨어났을 때

아이가 정해진 기상 시간 즈음 자연스럽게 깨어났다면, 보다 밝게 하루를 시작할 수 있습니다.

① 잠깐 지켜보기

옹알이나 뒤척임, 인형을 만지는 등 조용한 움직임이 있다면 바로 달려가지 말고 몇 분 정도 관찰해 봅니다. 스스로 주변을 탐색하며 잠에서 깨어나는 시간을 주는 것입니다.

② 엄마만의 기상 루틴

아이가 얕은 잠에서 서서히 각성 상태로 전환하는 동안, 엄마도 잠시 눈을 감고 하루를 준비합니다.

③ 환하게 인사하며 등장

아이의 상태를 살핀 뒤, 환하게 인사하며 다가가 눈을 맞추고 "○○야, 잘 잤어? 좋은 아침이야" 하고 인사합니다. 아이가 크게 울며 일어났다면 엄마가 그 울음에 같이 휩싸이지 않고 엄마의 밝고 환한 에너지를 아이에게 전달합니다.

④ 커튼을 열어 햇빛 들어오게 하기

커튼을 활짝 열어 아침이 되었다는 것을 알려주세요. 규칙적인 시간에 빛에 노출되는 것은 생체리듬을 건강하게 형성하는 데 큰 도움이 됩니다.

⑤ 사랑의 스킨십

아이를 안아주고, 따뜻하게 쓰다듬어 주세요. 단 10초라도 이 세상에 오직 아이와 나 둘밖에 없는 듯 깊이 교감합니다.

⑥ 즐거운 대화

아이가 옹알이나 소리를 낸다면 같이 따라서 반응하며, 간단한 아침 노래를 불러주세요. "햇님이 방긋~ 우리 아기 일어났네."

⑦ 자연스럽게 다음 일과로 연결

기저귀 갈기, 수유, 놀이 등 다음 단계로 부드럽게 이어가며 아이의 리듬을 유지해 줍니다.

[3단계]
아이에게 맞는
하루 일과 만들기

01

기상, 취침 시간 설정하기

수면은 하루의 전체 흐름 속에서 만들어집니다. 자고, 깨고, 먹고, 노는 리듬이 일정하게 정돈되어야 아이는 '지금은 자는 시간'이라는 신호를 자연스럽게 받아들이게 됩니다. 즉, 수면 교육은 '아이의 하루를 설계하는 일'에서 시작됩니다.

4장에서는 아이에게 맞는 하루의 흐름을 어떻게 설계하고 유지해야 되는지 구체적으로 안내합니다. 먼저 기상 시간과 취침 시간을 설정하고, 그 사이에 먹고-놀고-자는 흐름(먹놀잠)을 만드는 방법을 소개합니다. 마지막에는 개월 수에 따라 참고할 수 있는 하루 일과표 예시도 함께 제시하겠습니다.

자, 이제 아이에게 맞는 하루의 흐름을 함께 만들어볼까요? 아이의 하루 리듬을 안정시키는 첫걸음은 기상 시간과 취침 시간을 정하는 것입니다. 하루의 큰 틀이 먼저 잡혀야 그 안에서 먹고, 놀고, 자는 흐름도 자연스럽게 안정되기 시작합니다.

1. 하루는 12시간씩 낮과 밤으로 나누세요.

아이의 수면 흐름을 만들 때는 하루를 12시간씩 낮과 밤으로 나누는 것이 기본입니다. 예를 들어 아침 7시부터 저녁 7시까지는 낮, 저녁 7시부터 다음 날 아침 7시까지는 밤으로 구분합니다. 이 기준은 단순히 자는 시간을 나누는 것뿐 아니라, 수유 시간도 구분하는 데 활용됩니다. 낮에 하는 수유는 '낮수유', 밤중에 이루어지는 수유는 '밤수유'로, 잠도 각각 '낮잠'과 '밤잠'으로 나누어 정리할 수 있습니다.

자연의 리듬상 낮은 아침 6시부터지만, 현실적인 생활 패턴을 고려하면 아침 7시부터 저녁 7시까지를 낮으로 보는 것이 더 적절합니다. 다만 아이는 자연의 리듬에 더 가깝기 때문에, 기상 시간을 7시로 설정하더라도 6시쯤 일어나는 것은 매우 자연스러운 일입니다. 이럴 경우 억지로 더 재우려 하기보다는 아이의 흐름에 맞춰 하루 일과를 계획하는 것이 더 현명합니다.

밤에 꼭 12시간을 자야 하나요?

하루를 12시간씩 낮과 밤으로 나눈다고 해서 밤잠을 꼭 12시간 자야 하는 것은 아닙니다. 아이에 따라 차이는 있지만, 밤잠은 최소

10시간에서 최대 12시간 사이면 됩니다. 이는 24시간 중에서 낮에 깨어 있는 시간, 즉 활동 시간은 낮잠을 포함해 12~14시간 정도가 적당하다는 뜻입니다. 낮 동안 자극이 지나치게 부족하거나 과도하면 수면리듬이 흐트러질 수 있으므로, 이 균형을 유지하는 것이 중요합니다.

2. 기상 시간부터 정해주세요.

하루 흐름을 만들 때 가장 먼저 정해야 할 것은 기상 시간입니다. 아침에 일어나는 시간이 들쑥날쑥하면 낮잠, 수유, 밤잠까지 모든 흐름이 불안정해지기 때문입니다. 기상 시간은 매일 일정하게 아침 6~7시 사이로 정해줍니다.

기상 시간을 7시로 정했다고 해서 반드시 그 시간까지 자야 한다는 의미는 아닙니다. 아이는 컨디션에 따라 조금 일찍 일어나기도 하는데, 그 자체는 괜찮습니다. 다만 7시가 넘도록 계속 자는 것은 리듬이 흐트러질 수 있으므로 주의가 필요합니다.

밤에 자주 깼다면 늦게 일어나도 될까요?

밤에 여러 번 깨거나 수유가 있었다고 해서 아침에 늦게까지 자게 두는 것은 좋지 않습니다. 기상 시간을 일정하게 유지하는 것이 아이의 생체리듬을 안정시키는 핵심입니다.

마찬가지로 밤잠이 부족했다고 늦게까지 자게 하면 하루 전체 일과가 뒤로 밀리게 되고, 그로 인해 다시 취침 시간이 늦어집니다.

취침 시간이 늦어지면 각성도가 올라가고, 밤잠 도중 더 자주 깨는 상황으로 이어질 수 있어요. 결국 다음 날 기상 시간까지 늦어지는 악순환이 반복될 수 있습니다.

따라서 밤잠의 질과 상관없이 아침 기상 시간은 항상 일정하게 유지해 줍니다. 이 일관성이 결국 하루 흐름 전체를 안정시키는 열쇠가 됩니다.

취침 시간 앞당기는 방법

아이가 이미 밤 10~11시에 잠드는 데 익숙해져 있다면 오늘부터 바로 밤 8시로 앞당기는 건 어렵습니다. 아이의 생체시계가 그 시간을 '밤'으로 인식하고 있기 때문입니다. 이럴 땐 다음 예시와 같이 기상 시간과 취침 시간을 함께 조금씩 앞당기는 방식이 가장 효과적입니다.

> **예시** 아이가 아침 9시에 기상하고, 밤 11시에 잠드는 경우
> - 1일 차: 기상 시간을 아침 8시 30분, 취침 시간을 밤 10시 30분으로 조정
> - 2일 차: 기상 시간을 아침 8시, 취침 시간을 밤 10시 이런 식으로 15~30분씩 천천히 앞당기세요.

취침 시간을 앞당기려면 수면 루틴도 같이 조정해야 합니다. 아이는 루틴을 통해 수면 준비 신호를 받아들이므로, 루틴 시작 시점

을 매일 조금씩 당겨주세요. 물론, 완벽하게 15분 단위로 지킬 필요는 없습니다. '어제보다 조금 더 일찍 일어났고, 조금 더 일찍 잠들었으면 된다'는 마음으로 접근하면 됩니다.

02

먹놀잠 리듬 만들기

기상 시간과 취침 시간이 정해졌다면, 이제는 그 사이를 어떻게 채울지 하루 일과를 구체화할 차례입니다. 하루 일과의 핵심은 먹고, 놀고, 자는 흐름을 반복적으로 만들어주는 것입니다. 특히 생후 6개월 이전에는 '먹-놀-잠'이라는 기본 리듬을 안정적으로 잡아주는 것이 아이에게 큰 정서적 안정감을 줍니다.

1. '먹-놀-잠'이 중요한 이유

아이가 울기 시작하면 많은 엄마들이 '배고픈가 보다' 하고 수유부터 시도합니다. 실제로 수유를 하면 울음이 멈추기도 하니, 배가 고팠던 게 맞다고 생각하기 쉽습니다. 하지만 아이는 말 대신 울음으로 모든 욕구를 표현합니다. 졸림, 피로, 배고픔, 불편함 등 다양한 감정을 울음 하나로 드러내기 때문에 울음만으로 아이의 상태를 단정 짓기는 어렵습니다.

특히 졸릴 때 우는 울음은 매우 격렬해 배고픔과 혼동되기 쉽습니다. 그래서 졸려서 우는 아이에게 수유를 시작하고, 그 과정에서 아이는 수유 중 잠드는 상황이 반복되는 경우가 많습니다.

먹고 바로 잠들면 생기는 문제들

'먹고 → 자고 → 놀고'의 흐름, 즉 '먹-잠-놀' 패턴이 반복되면 아이는 수유 중 졸기 시작하고, 결국 졸린 상태로 먹게 됩니다. 그러면 다음과 같은 문제가 발생할 수 있습니다.

- 충분히 먹지 못해 자주 깸: 졸음에 묻혀 수유량이 부족해지면 아이는 금세 다시 깨어 수유를 요구하게 됩니다.
- 과식으로 인한 불편함: 반대로 졸릴 때는 빨기 욕구가 커지면서 실제 필요량보다 과하게 먹는 경우도 많습니다. 특히 분유 수유의 경우 과식 가능성이 높습니다. 모유보다 빠는 힘이 약해도 우유가 쉽게 나오기 때문입니다.
- 자기 조절력 약화: 수면과 수유가 뒤섞이면 배고픔과 포만감을 명확히 인식하지 못하게 되어 자기 조절 능력 발달에 방해가 됩니다. 자기 조절력은 아이의 수면, 식사, 감정, 신체 조절 전반의 기반이 되는 핵심 능력입니다.

수유와 수면을 분리해야 하는 이유

'먹고 자든, 놀다 자든 그게 그렇게 중요할까?'라고 생각할 수 있지만, 핵심은 수유와 수면의 순서보다 이 둘을 분리하는 것입니다. '먹-놀-잠' 흐름은 단순한 일정이 아니라, 아이가 감각을 또렷하게 인식하고 반응할 수 있도록 돕는 구조입니다.

수유와 수면을 분리하면, 아이는 배고픔과 졸림을 각각의 감각으로 또렷하게 경험하게 됩니다. '배고플 땐 먹고, 졸리면 자는 흐름'이 반복되면서, 점차 두 감각을 구분하고 반응하는 힘이 자랍니다. 각각의 신호가 분명해지면, 엄마 역시 아이의 울음을 더 정확히 이해할 수 있어 불필요한 혼란에서 벗어나게 됩니다.

2. 먹놀잠 하루 일과를 만드는 방법

먹놀잠 리듬을 만들 때 핵심은 하루 계획의 기준을 '수유텀'이 아니라 '깨어 있는 시간'에 두는 것입니다. 정해진 수유텀에 따라 낮잠 시간을 끼워 넣는 방식이 아니라, 아이의 깨어 있는 시간을 중심으로 낮잠 일정을 정하고 그 사이에 수유를 배치하는 방식이 보다 효과적입니다.

이렇게 하면 수유는 졸리지 않은 상태에서 안정적으로 이루어지고, 아이는 충분히 놀고 피로가 누적되었을 때 자연스럽게 잠들 수 있게 됩니다. 이 리듬은 아이에게 예측 가능한 하루를 만들어주고, 정서적 안정과 수면의 질까지 높여줍니다. 이제 구체적인 방법을 차근차근 살펴보겠습니다.

STEP 1. 낮잠부터 먼저 배치하기

먼저 아이의 개월 수에 맞는 '깨어 있는 시간'을 기준으로 낮잠을 배치합니다. 예를 들어 4개월 아이의 깨어 있는 시간은 약 2시간입니다. 기상 시간이 오전 7시, 취침 시간이 저녁 7시라고 한다면, 하루 동안 아이는 다음과 같은 흐름으로 움직이게 됩니다.

- 7시 기상 → 9시 낮잠 1
- 낮잠 기상 후 2시간 깨어 있음 → 낮잠 2
- 낮잠 기상 후 2시간 깨어 있음 → 오후 낮잠 3
- (필요 시 낮잠 4회 추가) → 7~8시 취침

낮잠의 길이는 아이마다 다르지만, 깨어 있는 시간이 2시간 내외인 아이라면 대부분 하루에 3~4회 낮잠을 자게 됩니다.

STEP 2. 수유 시간은 낮잠 사이에 배치하기

낮잠 시간을 먼저 정했다면, 이제 그 사이에 수유 시간을 배치할 차례입니다. 이때 중요한 원칙은 '졸리지 않은 상태에서 수유를 하는 것'입니다.

- 모유 수유의 경우, 수유텀을 정해두고 수유하는 것이 아니라 아이가 낮잠에서 깨어 정신이 들었을 때 바로 수유합니다.
- 분유 수유의 경우, 수유텀을 감안하되 다음 낮잠과 너무 가깝

지 않게, 즉 졸리기 전에 수유를 마칩니다.

아이마다 활동성이나 낮잠의 질이 다르기 때문에 수유 시점은 일정하지 않을 수 있습니다. 하지만 기본적으로 '낮잠과 낮잠 사이의 깨어 있는 시간 안에 졸지 않고 수유를 마친다'는 원칙은 지켜야 합니다. 구체적으로 어떻게 해야 하는지 어려워하는 분들을 위한 '개월 수별 수유 타이밍 가이드'는 다음과 같습니다.

2~3개월 수유 타이밍
- 깨어 있는 시간: 약 1시간~1시간 30분
- 수유 타이밍: 낮잠에서 깬 후 30~60분 이내 수유
- 깨어 있는 시간이 1시간인 경우 → 30~40분 이내 수유
- 깨어 있는 시간이 1시간 30분인 경우 → 50~60분 이내 수유
- 수유텀: 평균 2.5~3.5시간

이 시기에는 깨어 있는 시간이 짧기 때문에 기상 후 빠르게 수유하지 않으면 졸린 상태로 먹게 될 확률이 높습니다. 졸린 상태에서 먹게 되면, 먹으면서 잠드는 패턴이 생기기 쉬워 수유의 질이 떨어지고 하루 리듬도 흔들리게 됩니다.

현재 아이의 깨어 있는 시간이 1시간 정도라면 기상 후 30~40분 이내, 깨어 있는 시간이 1시간 30분 정도가 된다면 기상 후 50~60분 이내에 수유를 해야 다음 낮잠과 겹치지 않습니다. 이렇게 하면 낮

잠의 길이에 따라 다르지만 대략적인 수유텀은 2.5~3.5시간이 될 것입니다.

4~6개월 수유 타이밍
- 깨어 있는 시간: 약 2시간~2시간 30분
- 수유 타이밍: 낮잠에서 깬 후 1시간 30분~2시간 이내 수유
- 깨어 있는 시간이 2시간인 경우 → 1시간 30분 이내 수유
- 깨어 있는 시간이 2시간 30분인 경우 → 2시간 이내 수유
- 수유텀: 평균 3.5~4시간

이 시기에는 깨어 있는 시간이 길어지면서 수유 간격도 자연스럽게 늘어납니다. 낮잠 사이의 시간 여유가 생기므로, 졸리지 않은 상태에서 수유하기에 더 적절한 조건이 갖춰집니다. 또한 한 번에 먹는 양이 충분히 늘어나 낮 동안 4회 수유만으로도 총수유량이 충족된다면 4시간 수유텀을 안정적으로 유지할 수 있습니다.

6~9개월 먹놀잠 리듬
- 수유텀: 평균 4시간 내외 유지

이 시기는 이유식이 시작되고, 낮잠도 2회로 줄어들기 시작합니다. 이 시기부터는 이전처럼 먹-놀-잠 구조가 딱 떨어지지 않을 수 있습니다. 낮잠 횟수가 줄고 깨어 있는 시간이 늘어나면서 이유식

과 수유가 더 자주 반복되거나, 하루의 흐름이 유동적으로 바뀌기 때문입니다.

  이 시기에는 하루 전체 흐름을 보면서 섭취량이 충분한지 확인하고, 수유가 졸릴 때와 겹치지 않도록 조절하는 것만 신경 쓰면 됩니다.

03
개월 수별 하루 일과표 예시

수면 교육에서 개월 수별 하루 일과표는 아이의 발달에 맞는 일과 흐름을 제시해 생체리듬을 안정시키고, 수면 습관을 형성하는 데 도움이 됩니다. 다만, 시간표에 억지로 맞추기보다는 아이의 리듬을 이해하고 조율하는 데 참고해야 합니다. 하루 일과표 예시에서 사용한 용어들의 의미는 다음과 같습니다.

첫수	첫 수유	막수	마지막 수유
종달 기상	'이른 기상'이라고도 합니다. 해가 뜨기 전부터 지저귀는 종달새의 습성에서 유래한 말로 일반적인 기상 시간보다 너무 빠른 기상을 의미합니다.		

용어 설명

1. 6주~5개월 | 수면+수유 일과표

6~8주 일과표

6~8주 수면리듬

깨어 있는 시간	1시간~1시간 15분
최대 낮잠 시간	5~6시간
총수면 시간	14~17시간
낮잠 횟수	4회 이상	낮잠 횟수는 중요하지 않아요. 깨어 있는 시간을 지켜주세요.

일과표 리스트

1. 낮잠 연장이 안 되는 경우
2. 낮잠 연장이 되는 경우

1. 낮잠 연장이 안 되는 경우

잠자는 시간은 예시일 뿐이며, 실제 기상한 시간을 기준으로 깨어 있는 시간을 재구성합니다.

	깨어 있는 시간	시간	하루 일과	잠자는 시간
6~8주 수면리듬		07:00	기상	
깨어 있는 시간 1시간~ 1시간 15분	1시간	07:10	첫수	
	↓	08:00	낮잠 1 (눕히는 시간)	⎫ 1시간
최대 낮잠 시간 5~6시간		09:00	기상	⎭
	1시간 10분	09:30	수유 2	
총수면 시간 14~17시간	↓	10:10	낮잠 2 (눕히는 시간)	⎫ 1시간 30분
		11:40	기상	⎭
	1시간 10분	12:10	수유 3	
	↓	12:50	낮잠 3 (눕히는 시간)	⎫ 50분
		13:40	기상	⎭
	1시간 10분	14:50	낮잠 4 (눕히는 시간)	⎫ 50분
	↓	15:40	기상	⎭
	1시간 10분	15:50	수유 4	
	↓	16:50	낮잠 5 (눕히는 시간)	⎫ 40분
		17:30	기상	⎭
	1시간 15분	18:00	수면의식	
	↓	18:15	막수	
		18:45	밤잠 (눕히는 시간)	

낮잠 연장이 안 되는 경우, 낮잠을 추가하여 밤잠 시간을 맞춥니다.

2. 낮잠 연장이 되는 경우

잠자는 시간은 예시일 뿐이며, 실제 기상한 시간을 기준으로 깨어 있는 시간을 재구성합니다.

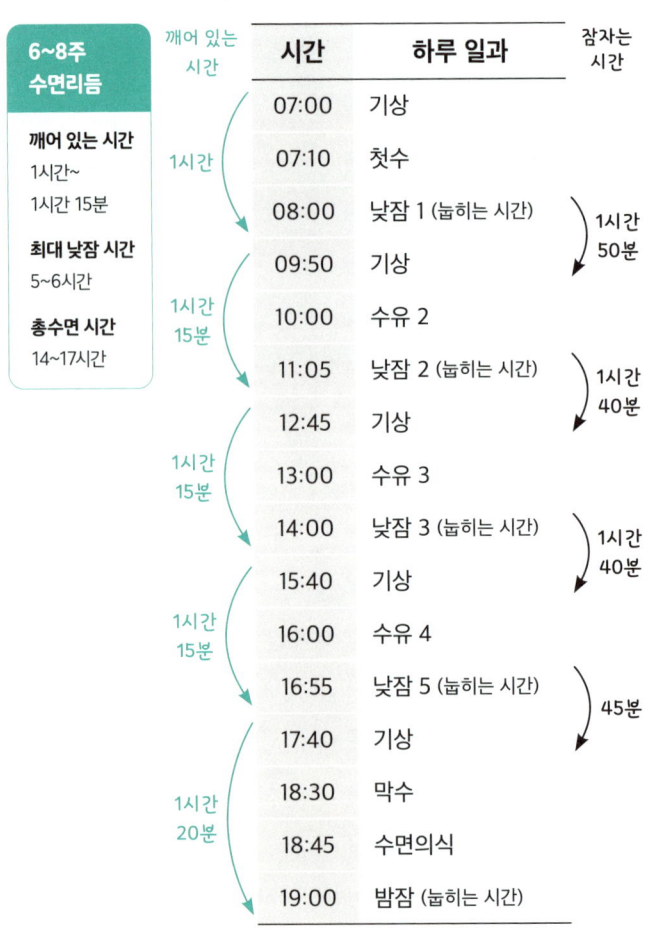

2개월 일과표

2개월 수면리듬

깨어 있는 시간	1시간 20분
최대 낮잠 시간	5시간
총수면 시간	14~17시간
낮잠 횟수	4회 이상 | 낮잠 횟수는 중요하지 않아요. 깨어 있는 시간을 지켜주세요.

일과표 리스트

1. 낮잠 연장이 안 되는 경우
2. 낮잠 연장이 되는 경우

1. 낮잠 연장이 안 되는 경우

잠자는 시간은 예시일 뿐이며, 실제 기상한 시간을 기준으로 깨어 있는 시간을 재구성합니다.

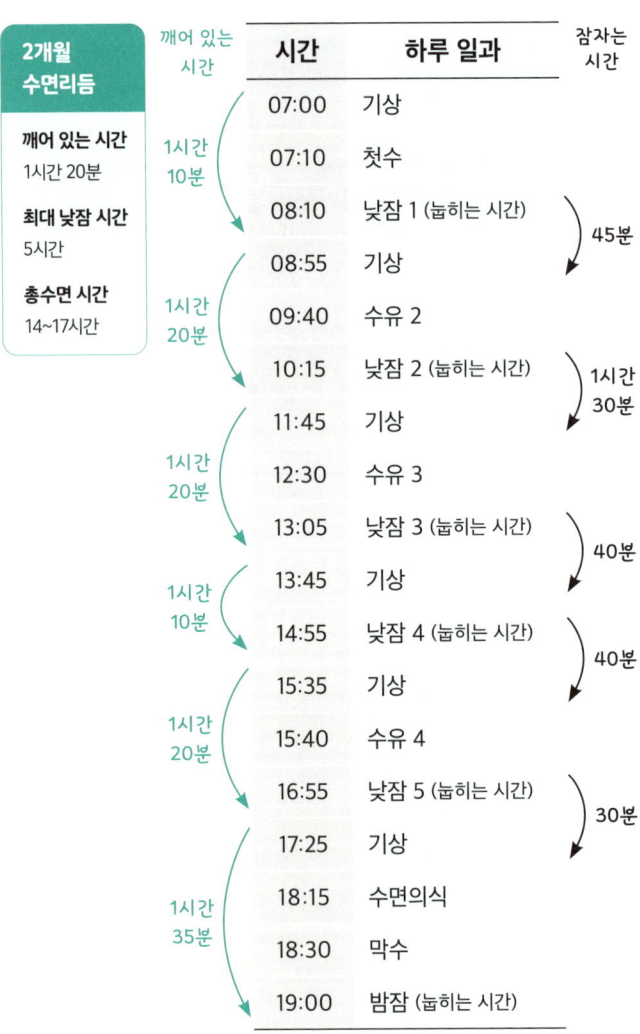

2. 낮잠 연장이 되는 경우

잠자는 시간은 예시일 뿐이며, 실제 기상한 시간을 기준으로 깨어 있는 시간을 재구성합니다.

2개월 수면리듬

- **깨어 있는 시간**: 1시간 20분
- **최대 낮잠 시간**: 5시간
- **총수면 시간**: 14~17시간

깨어 있는 시간	시간	하루 일과	잠자는 시간
	07:00	기상	
1시간 10분	07:10	첫수	
	08:10	낮잠 1 (눕히는 시간)	1시간 30분
	09:40	기상	
1시간 30분	10:00	수유 2	
	11:10	낮잠 2 (눕히는 시간)	1시간 50분
	13:00	기상	
1시간 20분	13:10	수유 3	
	14:20	낮잠 3 (눕히는 시간)	1시간
	15:20	기상	
1시간 20분	15:30	수유 4	
	16:40	낮잠 4 (눕히는 시간)	40분
	17:20	기상	
1시간 30분	18:05	수면의식	
	18:20	막수	
	18:50	밤잠 (눕히는 시간)	

3개월 일과표

3개월 수면리듬

깨어 있는 시간	1시간 30분
최대 낮잠 시간	4시간
총수면 시간	14~17시간
낮잠 횟수	4회

일과표 리스트

1. 낮잠 연장이 안 되는 경우
2. 낮잠 연장이 되는 경우
3. 종달 기상이 있는 경우

1. 낮잠 연장이 안 되는 경우

잠자는 시간은 예시일 뿐이며, 실제 기상한 시간을 기준으로 깨어 있는 시간을 재구성합니다.

3개월 수면리듬	깨어 있는 시간	시간	하루 일과	잠자는 시간
깨어 있는 시간 1시간 30분		07:00	기상	
	1시간 20분	07:10	첫수	
최대 낮잠 시간 4시간		08:20	낮잠 1 (눕히는 시간)	45분
		09:05	기상	
총수면 시간 14~17시간	1시간 30분	10:00	수유 2	
		10:35	낮잠 2 (눕히는 시간)	1시간
		11:35	기상	
	1시간 30분	12:30	수유 3	
		13:05	낮잠 3 (눕히는 시간)	45분
		13:50	기상	
	1시간 30분	15:20	낮잠 4 (눕히는 시간)	30분
		15:50	기상	
	1시간 30분	16:00	수유 4	
		17:20	낮잠 5 (눕히는 시간)	30분
		17:50	기상	
	1시간 40분	18:45	수면의식	
		19:00	막수	
		19:30	밤잠 (눕히는 시간)	

2. 낮잠 연장이 되는 경우

잠자는 시간은 예시일 뿐이며, 실제 기상한 시간을 기준으로 깨어 있는 시간을 재구성합니다.

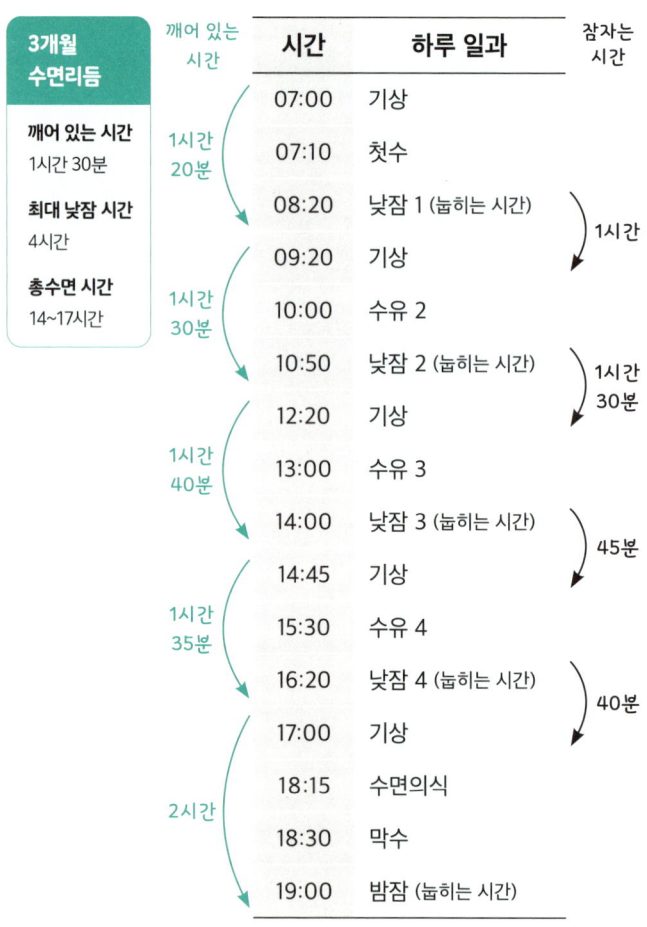

3. 종달 기상이 있는 경우

잠자는 시간은 예시일 뿐이며, 실제 기상한 시간을 기준으로 깨어 있는 시간을 재구성합니다.

	깨어 있는 시간	시간	하루 일과	
3개월 수면리듬 **깨어 있는 시간** 1시간 30분 **최대 낮잠 시간** 4시간 **총수면 시간** 14~17시간	1시간 30분	06:00	기상	***종달 해결전략1** : 낮잠 1 전까지 깨어 있는 시간을 최대한 확보하세요.
		06:10	첫수	
		07:30	낮잠 1 (눕히는 시간)	
	1시간 30분	08:30	기상	***종달 해결전략2** : 낮잠 1은 최대 1시간을 넘기지 않도록 깨워주세요.
		09:00	수유 2	
		10:00	낮잠 2 (눕히는 시간)	
	1시간 40분	11:00	기상	***종달 해결전략3** : 낮 동안 깨어 있는 시간을 최대한 확보하세요.
		12:00	수유 3	
		12:40	낮잠 3 (눕히는 시간)	
	1시간 35분	13:40	기상	
		14:40	수유 4	
		15:15	낮잠 4 (눕히는 시간)	
	1시간 30분	16:00	기상	
		17:00	보충 수유 (필요시)	
		17:30	낮잠 5 (쪽잠)	
	1시간 45분	18:00	기상	***종달 해결전략4** : (앞의 전략이 실패했을 때) 취침 시간을 조금씩 뒤로 미루세요.
		19:00	수면의식	
		19:15	막수	
		19:45	밤잠 (눕히는 시간)	

*종달 해결전략은 1번부터 시작해 2~3일 간격으로 개선 여부를 점검하며 하나씩 순차적으로 진행합니다.

4개월 일과표

4개월 수면리듬

깨어 있는 시간	2시간
최대 낮잠 시간	4시간
총수면 시간	12~15시간
낮잠 횟수	3~4회

일과표 리스트

1. 낮잠 연장이 안 되는 경우
2. 낮잠 연장이 되는 경우
3. 종달 기상이 있는 경우

1. 낮잠 연장이 안 되는 경우

잠자는 시간은 예시일 뿐이며, 실제 기상한 시간을 기준으로 깨어 있는 시간을 재구성합니다.

4개월 수면리듬
- 깨어 있는 시간: 2시간
- 최대 낮잠 시간: 4시간
- 총수면 시간: 12~15시간

깨어 있는 시간	시간	하루 일과	잠자는 시간
1시간 50분	07:00	기상	
	07:10	첫수	
	08:50	낮잠 1 (눕히는 시간)	45분
2시간	09:35	기상	
	10:00	수유 2	
	11:35	낮잠 2 (눕히는 시간)	1시간
2시간 10분	12:35	기상	
	13:00	수유 3	
	14:45	낮잠 3 (눕히는 시간)	45분
2시간	15:30	기상	
	15:40	수유 4	
	17:30	낮잠 4 (눕히는 시간)	30분
1시간 30분	18:00	기상	
	18:45	수면의식	
	19:00	막수	
	19:30	밤잠 (눕히는 시간)	

2. 낮잠 연장이 되는 경우

잠자는 시간은 예시일 뿐이며, 실제 기상한 시간을 기준으로 깨어 있는 시간을 재구성합니다.

4개월 수면리듬	깨어 있는 시간	시간	하루 일과	잠자는 시간
깨어 있는 시간 2시간		07:00	기상	
	1시간 50분	07:10	첫수	
최대 낮잠 시간 4시간		08:50	낮잠 1 (눕히는 시간)	1시간 10분
		10:00	기상	
총수면 시간 12~15시간	2시간 10분	10:30	수유 2	
		12:10	낮잠 2 (눕히는 시간)	1시간 45분
		13:55	기상	
	2시간 15분	14:30	수유 3	
		16:10	낮잠 3 (눕히는 시간)	30분
		16:40	기상	
	2시간 20분	17:00	보충 수유*	
		18:15	수면의식	
		18:30	막수	
		19:00	밤잠 (눕히는 시간)	

* 낮잠이 4회에서 3회로 줄면, 수유 횟수도 기존 5회에서 4회로 줄어듭니다. 하지만 변환기 초기의 경우, 1회 수유량이 충분히 늘지 않아 수유 횟수를 4회로 하면 하루 총수유량을 맞추기 어려울 수 있어요. 이런 경우는 낮잠 3 이후 보충 수유를 하고 막수를 추가하여 하루 총수유량을 유지합니다.

3. 종달 기상이 있는 경우

잠자는 시간은 예시일 뿐이며, 실제 기상한 시간을 기준으로 깨어 있는 시간을 재구성합니다.

4개월 수면리듬

- 깨어 있는 시간: 2시간
- 최대 낮잠 시간: 4시간
- 총수면 시간: 12~15시간

깨어 있는 시간	시간	하루 일과	
1시간 50분	06:00	기상	***종달 해결전략1** : 낮잠 1 전까지 깨어 있는 시간을 최대한 확보하세요.
	06:10	첫수	
	07:50	낮잠 1 (눕히는 시간)	***종달 해결전략2** : 낮잠 1은 최대 1시간을 넘기지 않도록 깨워주세요.
2시간	08:50	기상	
	09:40	수유 2	
	10:50	낮잠 2 (눕히는 시간)	
2시간 10분	11:50	기상	***종달 해결전략3** : 낮 동안 깨어 있는 시간을 최대한 확보하세요.
	12:30	수유 3	
	14:00	낮잠 3 (눕히는 시간)	
2시간	14:45	기상	
	15:30	수유 4	
	16:45	낮잠 4 (눕히는 시간)	
2시간 15분	17:15	기상	
	18:45	수면의식	***종달 해결전략4** : (앞의 전략이 실패했을 때) 취침 시간을 조금씩 뒤로 미루세요.
	19:00	막수	
	19:30	밤잠 (눕히는 시간)	

*종달 해결전략은 1번부터 시작해 2~3일 간격으로 개선 여부를 점검하며 하나씩 순차적으로 진행합니다.

5개월 일과표

5개월 수면리듬

깨어 있는 시간	2시간 20분
최대 낮잠 시간	3시간 30분~4시간
총수면 시간	12~15시간
낮잠 횟수	3회

일과표 리스트

1. 낮잠 연장이 안 되는 경우
2. 낮잠 연장이 되는 경우
3. 종달 기상이 있는 경우

1. 낮잠 연장이 안 되는 경우

잠자는 시간은 예시일 뿐이며, 실제 기상한 시간을 기준으로 깨어 있는 시간을 재구성합니다.

5개월 수면리듬	깨어 있는 시간	시간	하루 일과	잠자는 시간
깨어 있는 시간 2시간 20분		07:00	기상	
	2시간	07:10	첫수	
최대 낮잠 시간 3시간 30분 ~4시간		09:00	낮잠 1 (눕히는 시간)	50분
		09:50	기상	
총수면 시간 12~15시간	2시간 20분	10:30	수유 2	
		12:10	낮잠 2 (눕히는 시간)	1시간
		13:10	기상	
	2시간 20분	14:30	수유 3	
		15:30	낮잠 3 (눕히는 시간)	40분
		16:10	기상	
	2시간 50분	18:15	수면의식	
		18:30	막수	
		19:00	밤잠 (눕히는 시간)	

2. 낮잠 연장이 되는 경우

잠자는 시간은 예시일 뿐이며, 실제 기상한 시간을 기준으로 깨어 있는 시간을 재구성합니다.

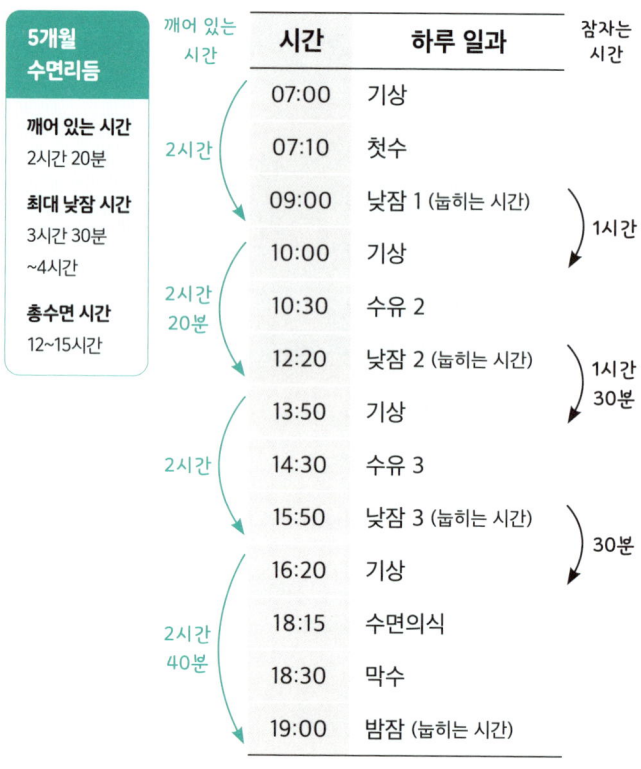

3. 종달 기상이 있는 경우

잠자는 시간은 예시일 뿐이며, 실제 기상한 시간을 기준으로 깨어 있는 시간을 재구성합니다.

5개월 수면리듬
- 깨어 있는 시간: 2시간 20분
- 최대 낮잠 시간: 3시간 30분 ~4시간
- 총수면 시간: 12~15시간

깨어 있는 시간	시간	하루 일과	
	06:00	기상	*종달 해결전략1: 낮잠 1 전까지 깨어 있는 시간을 최대한 확보하세요.
2시간	07:00	첫수	
	08:00	낮잠 1 (눕히는 시간)	*종달 해결전략2: 낮잠 1은 최대 1시간을 넘기지 않도록 깨워주세요.
	09:00	기상	
2시간 20분	10:00	수유 2	
	11:20	낮잠 2 (눕히는 시간)	
	12:20	기상	*종달 해결전략3: 낮 동안 깨어 있는 시간을 최대한 확보하세요.
2시간 20분	13:00	수유 3	
	14:40	낮잠 3 (눕히는 시간)	
	15:20	기상	
2시간 10분	16:00	수유 4	
	17:30	낮잠 4 (눕히는 시간)	15분 정도 쪽잠을 재우세요.
	17:45	기상	
	19:35	수면의식	*종달 해결전략4: (앞의 전략이 실패했을 때) 취침 시간을 조금씩 뒤로 미루세요.
2시간 30분	19:50	막수	
	20:15	밤잠 (눕히는 시간)	

*종달 해결전략은 1번부터 시작해 2~3일 간격으로 개선 여부를 점검하며 하나씩 순차적으로 진행합니다.

2. 6~11개월 | 수면+수유+이유식 일과표

이유식은 6개월이 되었을 때 시작합니다(1월 1일 출생한 아기는 7월 1일에 시작). 초기 이유식의 목적은 먹는 게 아니라 음식을 탐색하는 것입니다. 자유롭게 음식을 탐색하는 경험을 만들어 줍니다.

- 이유식 양이 70~100g이 되기 전까지는 수유와 이유식을 연달아 먹습니다. 이유식 양이 70~100g이 되면 가벼운 한 끼 식사가 되어 수유와 이유식을 분리해서 먹기 시작합니다.
- 8~12개월에는 이유식 양이 늘면서 배부름으로 인해 수유를 거르는 시간이 생기고, 수유 횟수는 4회→3회로 점차 줄어듭니다.

6개월 일과표

6개월 수면리듬

깨어 있는 시간	2시간 30분	총수면 시간	12~15시간
최대 낮잠 시간	3시간 30분	낮잠 횟수	2~3회

일과표 리스트

1. 낮잠 연장이 안 되는 경우
2. 낮잠 연장이 되는 경우
3. 종달 기상이 있는 경우

1. 낮잠 연장이 안 되는 경우

잠자는 시간은 예시일 뿐이며, 실제 기상한 시간을 기준으로 깨어 있는 시간을 재구성합니다.

6개월 수면리듬
- 깨어 있는 시간: 2시간 30분
- 최대 낮잠 시간: 3시간 30분
- 총수면 시간: 12~15시간

깨어 있는 시간	시간	하루 일과	잠자는 시간
	07:00	기상	
2시간 10분	07:10	첫수 + 이유식	
	09:10	낮잠 1 (눕히는 시간)	50분
	10:00	기상	
2시간 20분	10:45	수유 2 + 이유식	
	12:20	낮잠 2 (눕히는 시간)	1시간
	13:20	기상	
2시간 30분	14:30	수유 3	
	15:50	낮잠 3 (눕히는 시간)	40분
	16:30	기상	
2시간 30분	17:00	이유식	
	18:00	수면의식	
	18:30	막수	
	19:00	밤잠 (눕히는 시간)	

2. 낮잠 연장이 되는 경우

잠자는 시간은 예시일 뿐이며, 실제 기상한 시간을 기준으로 깨어 있는 시간을 재구성합니다.

3. 종달 기상이 있는 경우

잠자는 시간은 예시일 뿐이며, 실제 기상한 시간을 기준으로 깨어 있는 시간을 재구성합니다.

	깨어 있는 시간	시간	하루 일과	
6개월 수면리듬 깨어 있는 시간 2시간 30분 최대 낮잠 시간 3시간 30분 총수면 시간 12~15시간	2시간 10분	06:00 07:00 08:10	기상 첫수 + 이유식 낮잠 1 (눕히는 시간)	***종달 해결전략1** : 낮잠 1 전까지 깨어 있는 시간을 최대한 확보하세요.
	2시간 20분	09:10 10:45 11:30	기상 수유 2 + 이유식 낮잠 2 (눕히는 시간)	***종달 해결전략2** : 낮잠 1은 최대 1시간을 넘기지 않도록 깨워주세요.
	2시간 20분	12:30 14:00 14:50	기상 수유 3 낮잠 3 (눕히는 시간)	***종달 해결전략3** : 낮 동안 깨어 있는 시간을 최대한 확보하세요.
	2시간 10분	15:50 17:00 18:00	기상 이유식 낮잠 4 (눕히는 시간)	
	2시간	18:30 19:45 20:00 20:30	기상 수면의식 막수 밤잠 (눕히는 시간)	***종달 해결전략4** : (앞의 전략이 실패했을 때) 취침 시간을 조금씩 뒤로 미루세요.

*종달 해결전략은 1번부터 시작해 2~3일 간격으로 개선 여부를 점검하며 하나씩 순차적으로 진행합니다.

7~8개월 일과표

7개월 수면리듬		8개월 수면리듬	
깨어 있는 시간	2시간 45분	깨어 있는 시간	3시간
최대 낮잠 시간	3시간 ~3시간 30분	최대 낮잠 시간	3시간
총수면 시간	12~15시간	총수면 시간	12~15시간
낮잠 횟수	2~3회	낮잠 횟수	2~3회

일과표 리스트

수유+이유식 이어서 먹는 경우

1. 수유+이유식 이어서 먹는 경우(낮잠 3회)
2. 수유+이유식 이어서 먹는 경우(낮잠 3회→2회 변환 준비)
3. 수유+이유식 이어서 먹는 경우(처음 낮잠 2회 자는 경우)
4. 수유+이유식 이어서 먹는 경우(안정적인 낮잠 2회)
5. 수유+이유식 이어서 먹는 경우(종달 기상/낮잠 3회)
6. 수유+이유식 이어서 먹는 경우(종달 기상/낮잠 2회)

수유+이유식 따로 먹는 경우

7. 수유+이유식 따로 먹는 경우(낮잠 3회)
8. 수유+이유식 따로 먹는 경우(낮잠 3회→2회 변환 준비)
9. 수유+이유식 따로 먹는 경우(처음 낮잠 2회 자는 경우)
10. 수유+이유식 따로 먹는 경우(안정적인 낮잠 2회)
11. 수유+이유식 따로 먹는 경우(종달 기상/낮잠 3회)
12. 수유+이유식 따로 먹는 경우(종달 기상/낮잠 2회)

1. 수유+이유식 이어서 먹는 경우 (낮잠 3회)

낮잠 연장이 안 되거나, 깨어 있는 시간이 3시간이 안 되는 경우입니다. 잠자는 시간은 예시일 뿐이며, 실제 기상한 시간을 기준으로 깨어 있는 시간을 재구성합니다.

7개월 수면리듬
- 깨어 있는 시간: 2시간 45분
- 최대 낮잠 시간: 3시간 ~3시간 30분
- 총수면 시간: 12~15시간

8개월 수면리듬
- 깨어 있는 시간: 3시간
- 최대 낮잠 시간: 3시간
- 총수면 시간: 12~15시간

시간	하루 일과	잠자는 시간
07:00	기상	
07:10	첫수 + 이유식	
09:20	낮잠 1 (눕히는 시간)	50분
10:10	기상	
10:45	수유 2 + 이유식	
12:50	낮잠 2 (눕히는 시간)	1시간
13:50	기상	
15:00	수유 3	
16:20	낮잠 3 (눕히는 시간)	30분
16:50	기상	
17:00	이유식	
18:45	수면의식	
19:00	막수	
19:30	밤잠 (눕히는 시간)	

깨어 있는 시간: 2시간 20분 / 2시간 40분 / 2시간 30분 / 2시간 40분

*이유식 진도에 따라 수유 횟수는 4회보다 줄어들 수 있습니다.

2. 수유+이유식 이어서 먹는 경우 (낮잠 3회→2회 변환 준비)

낮잠 연장이 잘되거나, 깨어 있는 시간이 3시간까지 가능한 경우입니다. 잠자는 시간은 예시일 뿐이며, 실제 기상한 시간을 기준으로 깨어 있는 시간을 재구성합니다.

	깨어 있는 시간	시간	하루 일과	잠자는 시간
7개월 수면리듬 깨어 있는 시간 2시간 45분 최대 낮잠 시간 3시간 ~3시간 30분 총 수면 시간 12~15시간		07:00	기상	
	2시간 20분	07:10	첫수 + 이유식	
		09:20	낮잠 1 (눕히는 시간)	1시간
		10:20	기상	
	2시간 40분	10:45	수유 2 + 이유식	
		13:00	낮잠 2 (눕히는 시간)	1시간 30분
8개월 수면리듬 깨어 있는 시간 3시간 최대 낮잠 시간 3시간 총 수면 시간 12~15시간		14:30	기상	
	2시간 30분	15:00	수유 3	
		17:00	낮잠 3 (눕히는 시간)	*변환기 전략 : 낮잠3을 30분 →10분까지 점차 줄이면서 낮잠3 탈락을 적극 시도 하세요.
		17:15	기상	
	2시간 30분	18:00	이유식	
		19:00	수면의식	
		19:15	막수	
		19:45	밤잠 (눕히는 시간)	

*이유식 진도에 따라 수유 횟수는 4회보다 줄어들 수 있습니다.

3. 수유+이유식 이어서 먹는 경우 (처음 낮잠 2회 자는 경우)

낮잠 연장이 잘되거나, 깨어 있는 시간이 3시간까지 가능한 경우입니다. 잠자는 시간은 예시일 뿐이며, 실제 기상한 시간을 기준으로 깨어 있는 시간을 재구성합니다.

7개월 수면리듬

깨어 있는 시간
2시간 45분

최대 낮잠 시간
3시간
~3시간 30분

총수면 시간
12~15시간

8개월 수면리듬

깨어 있는 시간
3시간

최대 낮잠 시간
3시간

총수면 시간
12~15시간

깨어 있는 시간	시간	하루 일과	잠자는 시간
	07:00	기상	
2시간 40분	07:10	첫수 + 이유식	낮잠 1 전까지 시간을 최대한 늘리세요.
	09:40	낮잠 1 (눕히는 시간)	1시간
	10:40	기상	
3시간	11:00	수유 2 + 이유식	
	13:40	낮잠 2 (눕히는 시간)	1시간 20분
	15:00	기상	
	15:10	수유 3	
4시간	17:00	이유식	
	18:15	수면의식	
	18:30	막수	
	19:00	밤잠 (눕히는 시간)	피곤해할 경우, 밤잠을 30분 정도 일찍 들어가 부족한 낮잠을 보충합니다.

*처음으로 낮잠을 2회로 전환하는 경우

전략1. 낮잠 1 전에는 2시간 40분까지 최대한 깨어 있게 하세요. 밤잠에 영향을 가장 적게 주는 깨어 있는 시간이 낮잠 1 들어가기 전 깨어 있는 시간입니다.

전략2. 낮잠3이 탈락되면서 피곤해할 수 있어요. 이때는 밤잠을 30분 정도 일찍 들어가 부족한 낮잠을 보충합니다.

*이유식 진도에 따라 수유 횟수는 4회보다 줄어들 수 있습니다.

4. 수유+이유식 이어서 먹는 경우 (안정적인 낮잠 2회)

잠자는 시간은 예시일 뿐이며, 실제 기상한 시간을 기준으로 깨어 있는 시간을 재구성합니다.

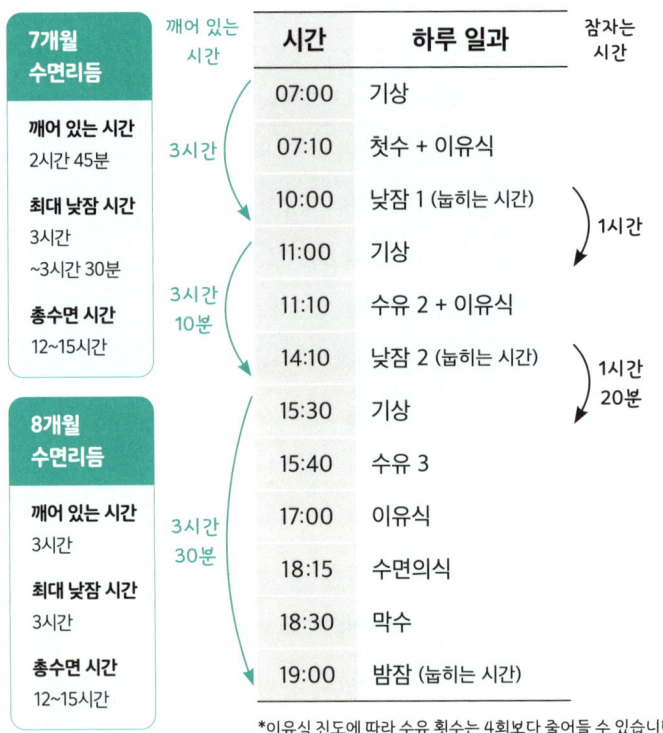

*이유식 진도에 따라 수유 횟수는 4회보다 줄어들 수 있습니다.

5. 수유+이유식 이어서 먹는 경우 (종달 기상/낮잠 3회)

잠자는 시간은 예시일 뿐이며, 실제 기상한 시간을 기준으로 깨어 있는 시간을 재구성합니다.

7개월 수면리듬	깨어 있는 시간	시간	하루 일과	
깨어 있는 시간 2시간 45분	2시간 30분	06:00	기상	***종달 해결전략1** : 낮잠 1 전까지 깨어 있는 시간을 최대한 확보하세요.
		06:10	첫수 + 이유식	
최대 낮잠 시간 3시간 ~3시간 30분		08:30	낮잠 1 (눕히는 시간)	
	2시간 40분	09:30	기상	***종달 해결전략2** : 낮잠 1은 최대 1시간을 넘기지 않도록 깨워주세요.
총수면 시간 12~15시간		10:00	수유 2 + 이유식	
		12:10	낮잠 2 (눕히는 시간)	***종달 해결전략3** : 낮 동안 깨어 있는 시간을 최대한 확보하세요.
8개월 수면리듬	2시간 30분	13:10	기상	
		14:00	수유 3	
깨어 있는 시간 3시간		15:40	낮잠 3 (눕히는 시간)	
최대 낮잠 시간 3시간	3시간	16:10	기상	
		16:20	이유식	
총수면 시간 12~15시간		18:25	수면의식	***종달 해결전략4** : (앞의 전략이 실패했을 때) 취침 시간을 조금씩 뒤로 미루세요.
		18:40	막수	
		19:10	밤잠 (눕히는 시간)	

*종달 해결전략은 1번부터 시작해 2~3일 간격으로 개선 여부를 점검하며 하나씩 순차적으로 진행합니다.
*이유식 진도에 따라 수유 횟수는 4회보다 줄어들 수 있습니다.

6. 수유+이유식 이어서 먹는 경우 (종달 기상/낮잠 2회)

잠자는 시간은 예시일 뿐이며, 실제 기상한 시간을 기준으로 깨어 있는 시간을 재구성합니다.

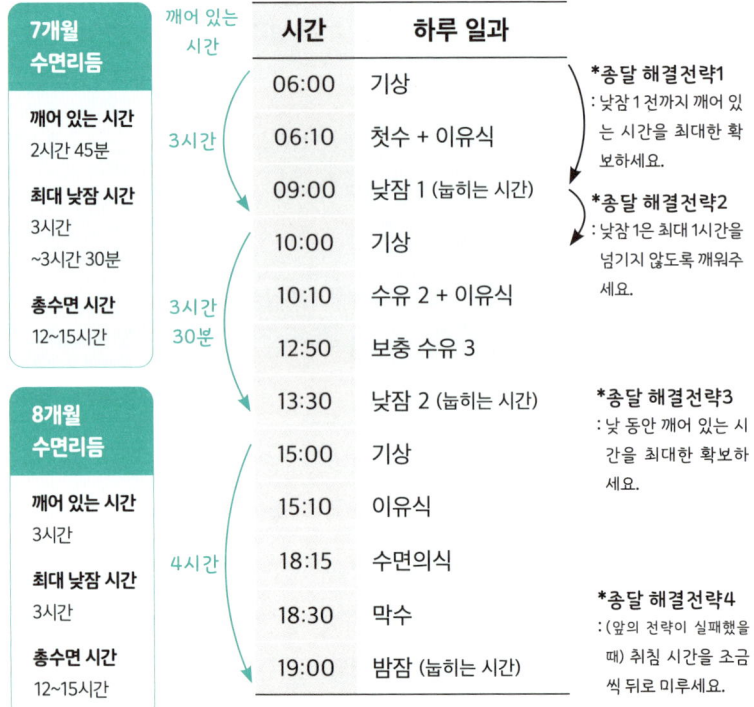

7. 수유+이유식 따로 먹는 경우 (낮잠 3회)

낮잠 연장이 안 되거나, 깨어 있는 시간이 3시간이 안 되는 경우입니다. 잠자는 시간은 예시일 뿐이며, 실제 기상한 시간을 기준으로 깨어 있는 시간을 재구성합니다.

7개월 수면리듬
- 깨어 있는 시간: 2시간 45분
- 최대 낮잠 시간: 3시간 ~3시간 30분
- 총수면 시간: 12~15시간

8개월 수면리듬
- 깨어 있는 시간: 3시간
- 최대 낮잠 시간: 3시간
- 총수면 시간: 12~15시간

시간	하루 일과	잠자는 시간	깨어 있는 시간
07:00	기상		
07:10	첫수		2시간 20분
08:30	이유식 1		
09:20	낮잠 1 (눕히는 시간)	50분	
10:10	기상		
10:20	수유 2		2시간 40분
12:00	이유식 2		
12:50	낮잠 2 (눕히는 시간)	1시간	
13:50	기상		
14:30	수유 3		2시간 30분
16:20	낮잠 3 (눕히는 시간)	30분	
16:50	기상		
17:00	이유식 3		2시간 40분
18:45	수면의식		
19:00	막수		
19:30	밤잠 (눕히는 시간)		

*이유식 진도에 따라 수유 횟수는 4회보다 줄어들 수 있습니다.

8. 수유+이유식 따로 먹는 경우 (낮잠 3회→2회 변환 준비)

낮잠 연장이 잘되거나, 깨어 있는 시간이 3시간까지 가능한 경우입니다. 잠자는 시간은 예시일 뿐이며, 실제 기상한 시간을 기준으로 깨어 있는 시간을 재구성합니다.

9. 수유+이유식 따로 먹는 경우 (처음 낮잠 2회 자는 경우)

낮잠 연장이 잘되거나, 깨어 있는 시간이 3시간까지 가능한 경우입니다. 잠자는 시간은 예시일 뿐이며, 실제 기상한 시간을 기준으로 깨어 있는 시간을 재구성합니다.

7개월 수면리듬

- 깨어 있는 시간: 2시간 45분
- 최대 낮잠 시간: 3시간 ~3시간 30분
- 총수면 시간: 12~15시간

8개월 수면리듬

- 깨어 있는 시간: 3시간
- 최대 낮잠 시간: 3시간
- 총수면 시간: 12~15시간

깨어 있는 시간	시간	하루 일과	잠자는 시간
	07:00	기상	
2시간 40분	07:10	첫수	낮잠 1 전까지 시간을 최대한 늘리세요.
	09:00	이유식 1	
	09:40	낮잠 1 (눕히는 시간)	1시간
3시간	10:40	기상	
	11:00	수유 2	
	13:00	이유식 2	
	13:40	낮잠 2 (눕히는 시간)	1시간 20분
4시간	15:00	기상	
	15:10	수유 3	
	17:00	이유식 3	
	18:15	수면의식	
	18:30	막수	
	19:00	밤잠 (눕히는 시간)	피곤해할 경우, 밤잠을 30분 정도 일찍 들어가 부족한 낮잠을 보충합니다.

* 처음으로 낮잠 2회로 전환하는 경우

전략1. 낮잠 1 전에는 최대한 2시간 40분까지 최대한 깨어 있게 하세요. 밤잠에 영향을 가장 적게 주는 깨어 있는 시간이 낮잠 1 들어가기 전 깨어 있는 시간입니다.

전략2. 낮잠3이 탈락되면서 피곤해할 수 있어요. 이때는 밤잠을 30분 정도 일찍 들어가 부족한 낮잠을 보충합니다.

*이유식 진도에 따라 수유 횟수는 4회보다 줄어들 수 있습니다.

10. 수유+이유식 따로 먹는 경우 (안정적인 낮잠 2회)

잠자는 시간은 예시일 뿐이며, 실제 기상한 시간을 기준으로 깨어 있는 시간을 재구성합니다.

*이유식 진도에 따라 수유 횟수는 4회보다 줄어들 수 있습니다.

11. 수유+이유식 따로 먹는 경우 (종달 기상/낮잠 3회)

잠자는 시간은 예시일 뿐이며, 실제 기상한 시간을 기준으로 깨어 있는 시간을 재구성합니다.

7개월 수면리듬
- 깨어 있는 시간: 2시간 45분
- 최대 낮잠 시간: 3시간 ~3시간 30분
- 총수면 시간: 12~15시간

8개월 수면리듬
- 깨어 있는 시간: 3시간
- 최대 낮잠 시간: 3시간
- 총수면 시간: 12~15시간

깨어 있는 시간	시간	하루 일과
	06:00	기상
2시간 30분	06:10	첫수
	07:40	이유식 1
	08:30	낮잠 1 (눕히는 시간)
	09:30	기상
2시간 40분	09:40	수유 2
	11:30	이유식 2
	12:10	낮잠 2 (눕히는 시간)
	13:10	기상
2시간 30분	14:00	수유 3
	15:40	낮잠 3 (눕히는 시간)
	16:10	기상
	16:20	이유식 3
3시간	18:25	수면의식
	18:40	막수
	19:10	밤잠 (눕히는 시간)

*종달 해결전략1: 낮잠 1 전까지 깨어 있는 시간을 최대한 확보하세요.

*종달 해결전략2: 낮잠 1은 최대 1시간을 넘기지 않도록 깨워주세요.

*종달 해결전략3: 낮 동안 깨어 있는 시간을 최대한 확보하세요.

*종달 해결전략4: (앞의 전략이 실패했을 때) 취침 시간을 조금씩 뒤로 미루세요.

*종달 해결전략은 1번부터 시작해 2~3일 간격으로 개선 여부를 점검하며 하나씩 순차적으로 진행합니다.
*이유식 진도에 따라 수유 횟수는 4회보다 줄어들 수 있습니다.

12. 수유+이유식 따로 먹는 경우 (종달 기상/낮잠 2회)

잠자는 시간은 예시일 뿐이며, 실제 기상한 시간을 기준으로 깨어 있는 시간을 재구성합니다.

7개월 수면리듬
- 깨어 있는 시간: 2시간 45분
- 최대 낮잠 시간: 3시간 ~3시간 30분
- 총수면 시간: 12~15시간

8개월 수면리듬
- 깨어 있는 시간: 3시간
- 최대 낮잠 시간: 3시간
- 총수면 시간: 12~15시간

깨어 있는 시간	시간	하루 일과
3시간	06:00	기상
	06:10	첫수
	08:00	이유식 1
	09:00	낮잠 1 (눕히는 시간)
3시간 30분	10:00	기상
	10:10	수유 2
	12:00	이유식 2
	12:50	보충 수유 3
	13:30	낮잠 2 (눕히는 시간)
4시간	15:00	기상
	15:10	이유식 3
	18:15	수면의식
	18:30	막수
	19:00	밤잠 (눕히는 시간)

*종달 해결전략1
: 낮잠 1 전까지 깨어 있는 시간을 최대한 확보하세요.

*종달 해결전략2
: 낮잠 1은 최대 1시간을 넘기지 않도록 깨워주세요.

*종달 해결전략3
: 낮 동안 깨어 있는 시간을 최대한 확보하세요.

*종달 해결전략4
: (앞의 전략이 실패했을 때) 취침 시간을 조금씩 뒤로 미루세요.

*종달 해결전략은 1번부터 시작해 2~3일 간격으로 개선 여부를 점검하며 하나씩 순차적으로 진행합니다.
*이유식 진도에 따라 수유 횟수는 4회보다 줄어들 수 있습니다.

9~10개월 일과표

9개월 수면리듬		10개월 수면리듬	
깨어 있는 시간	3시간 ~3시간 30분	깨어 있는 시간	3시간 30분 ~4시간
최대 낮잠 시간	3시간	최대 낮잠 시간	2시간 30분
총수면 시간	12~15시간	총수면 시간	12~15시간
낮잠 횟수	2회	낮잠 횟수	2회

일과표 리스트

1. 낮잠 연장이 안 되는 경우
2. 낮잠 연장이 되는 경우
3. 종달 기상이 있는 경우

1. 낮잠 연장이 안 되는 경우

잠자는 시간은 예시일 뿐이며, 실제 기상한 시간을 기준으로 깨어 있는 시간을 재구성합니다.

2. 낮잠 연장이 되는 경우

잠자는 시간은 예시일 뿐이며, 실제 기상한 시간을 기준으로 깨어 있는 시간을 재구성합니다.

9개월 수면리듬

깨어 있는 시간
3시간
~3시간 30분

최대 낮잠 시간
3시간

총수면 시간
12~15시간

10개월 수면리듬

깨어 있는 시간
3시간 30분
~4시간

최대 낮잠 시간
2시간 30분

총수면 시간
12~15시간

깨어 있는 시간	시간	하루 일과	잠자는 시간
	07:00	기상	
3시간	07:10	첫수	
	09:00	이유식 1	
	10:00	낮잠 1 (눕히는 시간)	1시간
	11:00	기상	
3시간	11:10	수유 (간식)	
	13:00	이유식 2	
	14:00	낮잠 2 (눕히는 시간)	1시간 30분
	15:30	기상	
3시간 30분	15:40	수유 (간식)	
	17:00	이유식 3	
	18:15	수면의식	
	18:30	막수	
	19:00	밤잠 (눕히는 시간)	

3. 종달 기상이 있는 경우

잠자는 시간은 예시일 뿐이며, 실제 기상한 시간을 기준으로 깨어 있는 시간을 재구성합니다.

9개월 수면리듬

- 깨어 있는 시간: 3시간 ~3시간 30분
- 최대 낮잠 시간: 3시간
- 총수면 시간: 12~15시간

10개월 수면리듬

- 깨어 있는 시간: 3시간 30분 ~4시간
- 최대 낮잠 시간: 2시간 30분
- 총수면 시간: 12~15시간

깨어 있는 시간	시간	하루 일과
3시간 20분	06:00	기상
	06:10	첫수
	08:00	이유식 1
	09:20	낮잠 1 (눕히는 시간)
3시간 30분	10:20	기상
	10:30	수유 (간식)
	12:30	이유식 2
	13:50	낮잠 2 (눕히는 시간)
4시간	15:30	기상
	15:40	수유 (간식)
	17:30	이유식 3
	18:45	수면의식
	19:00	막수
	19:30	밤잠 (눕히는 시간)

*종달 해결전략1
: 낮잠 1 전까지 깨어 있는 시간을 최대한 확보하세요.

*종달 해결전략2
: 낮잠 1은 최대 1시간을 넘기지 않도록 깨워주세요.

*종달 해결전략3
: 낮 동안 깨어 있는 시간을 최대한 확보하세요.

*종달 해결전략4
: (앞의 전략이 실패했을 때) 취침 시간을 조금씩 뒤로 미루세요.

*종달 해결전략은 1번부터 시작해 2~3일 간격으로 개선 여부를 점검하며 하나씩 순차적으로 진행합니다.

11개월 일과표

11개월 수면리듬

깨어 있는 시간	4~5시간
최대 낮잠 시간	2시간 30분~3시간
총수면 시간	12~15시간
낮잠 횟수	1~2회

일과표 리스트

1. 낮잠 2회(깨어 있는 시간이 4시간까지 가능할 때)
2. 낮잠 2회→1회 변환기
3. 종달 기상이 있는 경우(낮잠 2회)

1. 낮잠 2회 (깨어 있는 시간이 4시간까지 가능할 때)

잠자는 시간은 예시일 뿐이며, 실제 기상한 시간을 기준으로 깨어 있는 시간을 재구성합니다.

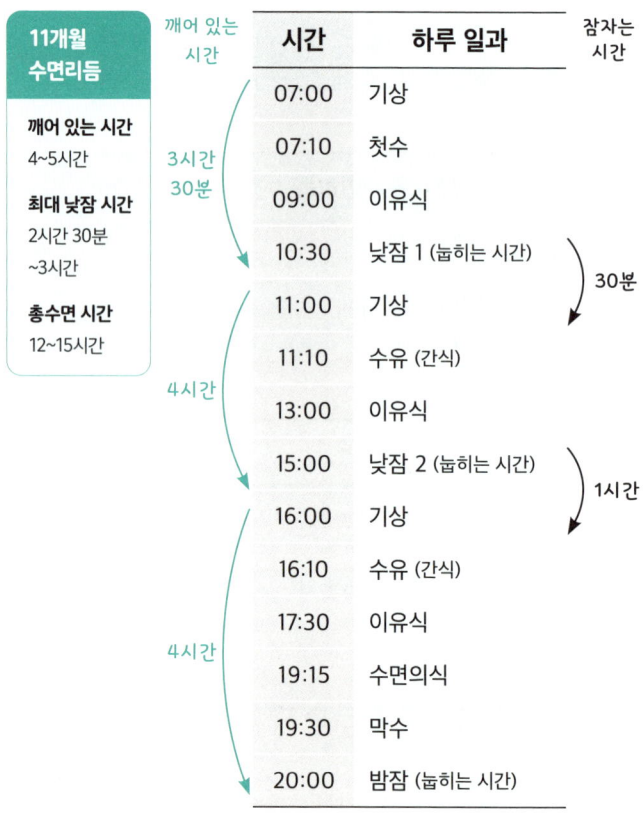

2. 낮잠 2회→1회 변환기

잠자는 시간은 예시일 뿐이며, 실제 기상한 시간을 기준으로 깨어 있는 시간을 재구성합니다. 낮잠 1회인 경우 최대 3시간까지 자도 괜찮아요.

11개월 수면리듬

깨어 있는 시간
4~5시간

최대 낮잠 시간
2시간 30분 ~3시간

총수면 시간
12~15시간

시간	하루 일과	잠자는 시간
07:00	기상	
07:10	첫수	
09:00	이유식	
10:30	수유 (간식)	
11:30	낮잠 1 (눕히는 시간)	2시간 30분
14:00	기상	
14:10	이유식	
15:30	수유 (간식)	
17:30	이유식	
18:15	수면의식	
18:30	막수	
19:00	밤잠 (눕히는 시간)	

깨어 있는 시간: 4시간 30분 / 5시간

*변환기에 밤잠 전 깨어 있는 시간이 길어져 피곤해한다면 밤잠을 조금 일찍 들어가세요.

3. 종달 기상이 있는 경우(낮잠 2회)

잠자는 시간은 예시일 뿐이며, 실제 기상한 시간을 기준으로 깨어 있는 시간을 재구성합니다.

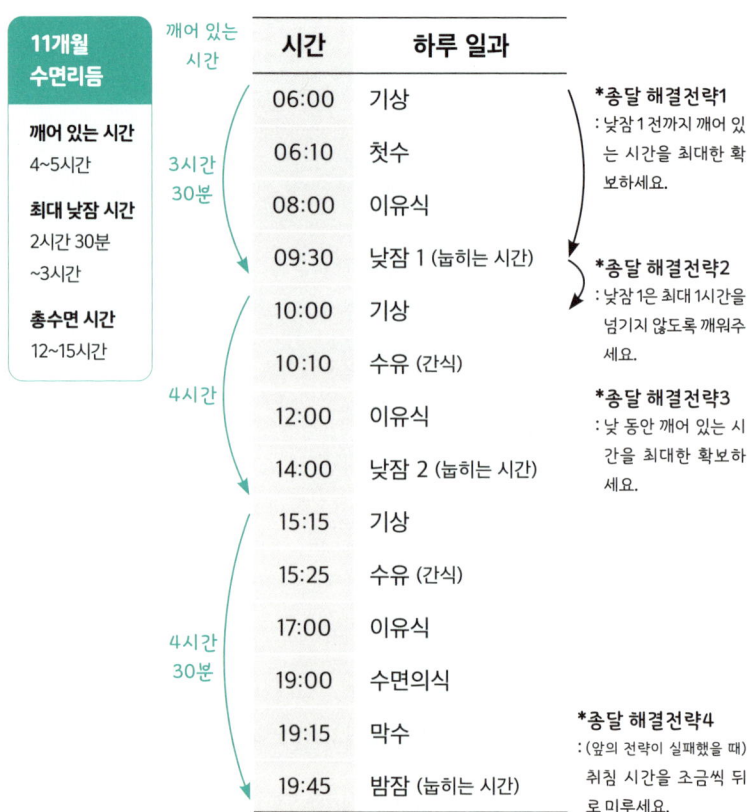

*종달 해결전략은 1번부터 시작해 2~3일 간격으로 개선 여부를 점검하며 하나씩 순차적으로 진행합니다.

3. 12~24개월 | 수면+수유+유아식 일과표

12-24개월 일과표

12~18개월 수면리듬		18~24개월 수면리듬	
깨어 있는 시간	4~5시간	깨어 있는 시간	5~7시간
최대 낮잠 시간	2시간	최대 낮잠 시간	3시간
총수면 시간	11~14시간	총수면 시간	11~14시간
낮잠 횟수	1~2회	낮잠 횟수	1회

일과표 리스트

1. 낮잠 2회인 경우
2. 낮잠 2회→1회 변환기
3. 낮잠 1회인 경우
4. 종달 기상이 있는 경우 (낮잠 2회)

1. 낮잠 2회인 경우

잠자는 시간은 예시일 뿐이며, 실제 기상한 시간을 기준으로 깨어 있는 시간을 재구성합니다.

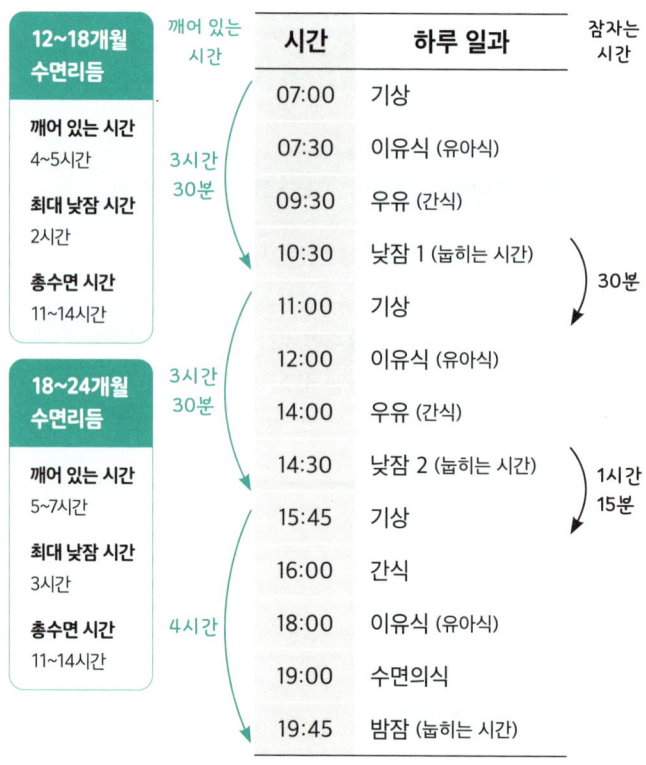

2. 낮잠 2회→1회 변환기

잠자는 시간은 예시일 뿐이며, 실제 기상한 시간을 기준으로 깨어 있는 시간을 재구성합니다.

12~18개월 수면리듬
- 깨어 있는 시간: 4~5시간
- 최대 낮잠 시간: 2시간
- 총수면 시간: 11~14시간

18~24개월 수면리듬
- 깨어 있는 시간: 5~7시간
- 최대 낮잠 시간: 3시간
- 총수면 시간: 11~14시간

시간	하루 일과	잠자는 시간
07:00	기상	
07:30	이유식 (유아식)	
09:30	우유 (간식)	
10:30	낮잠 1 (눕히는 시간)	
11:00	기상	
12:00	이유식 (유아식)	
14:00	우유 (간식)	
14:30	낮잠 2 (눕히는 시간)	1시간 15분
15:45	기상	
16:00	간식	
18:00	이유식 (유아식)	
19:00	수면의식	
19:45	밤잠 (눕히는 시간)	

깨어 있는 시간: 3시간 30분 (07:00~10:30), 3시간 30분 (11:00~14:30), 4시간 (15:45~19:45)

> 낮잠 2회에서 1회로 줄어들 때는 낮잠 1을 탈락합니다. 낮잠 1을 15분 정도로 짧게 재우면서 서서히 탈락시킬 준비를 하세요.

3. 낮잠 1회인 경우

잠자는 시간은 예시일 뿐이며, 실제 기상한 시간을 기준으로 깨어 있는 시간을 재구성합니다.

12~18개월 수면리듬
- 깨어 있는 시간: 4~5시간
- 최대 낮잠 시간: 2시간
- 총수면 시간: 11~14시간

18~24개월 수면리듬
- 깨어 있는 시간: 5~7시간
- 최대 낮잠 시간: 3시간
- 총수면 시간: 11~14시간

깨어 있는 시간	시간	하루 일과	잠자는 시간
	07:00	기상	
	07:30	이유식 (유아식)	
4시간 30분	09:00	우유 (간식)	
	11:00	이유식 (유아식)	
	11:30	낮잠 1 (눕히는 시간)	낮잠 1회인 경우 최대 2시간 30분까지 잡니다.
	14:00	기상	
	15:00	우유 (간식)	
5시간	18:00	이유식 (유아식)	
	18:15	수면의식	
	19:00	밤잠 (눕히는 시간)	

*변환기에 밤잠 전 깨어 있는 시간이 길어져 피곤해한다면 밤잠을 조금 일찍 들어가세요.

4. 종달 기상이 있는 경우 (낮잠 2회)

잠자는 시간은 예시일 뿐이며, 실제 기상한 시간을 기준으로 깨어 있는 시간을 재구성합니다.

12~18개월 수면리듬
- 깨어 있는 시간: 4~5시간
- 최대 낮잠 시간: 2시간
- 총수면 시간: 11~14시간

18~24개월 수면리듬
- 깨어 있는 시간: 5~7시간
- 최대 낮잠 시간: 3시간
- 총수면 시간: 11~14시간

깨어 있는 시간	시간	하루 일과
3시간 30분	06:00	기상
	06:30	이유식 (유아식)
	08:30	우유 (간식)
	09:30	낮잠 1 (눕히는 시간)
4시간	10:00	기상
	12:00	이유식 (유아식)
	14:00	낮잠 2 (눕히는 시간)
4시간 30분	15:00	기상
	15:30	우유 (간식)
	18:00	이유식 (유아식)
	18:45	수면의식
	19:30	밤잠 (눕히는 시간)

*종달 해결전략1: 낮잠 1 전까지 깨어 있는 시간을 최대한 확보하세요.

*종달 해결전략2: 낮잠 1은 30~40분 정도만 재우세요. 최대 1시간을 넘기지 않아요.

*종달 해결전략3: 낮 동안 깨어 있는 시간을 최대한 확보하세요.

*종달 해결전략4: (앞의 전략이 실패했을 때) 취침 시간을 조금씩 뒤로 미루세요.

*종달 해결전략은 1번부터 시작해 2~3일 간격으로 개선 여부를 점검하며 하나씩 순차적으로 진행합니다.

[4단계]
스스로 잠들기 연습

01
스스로 잠들기란?

지금까지 아이의 수면리듬을 이해하고, 예측 가능한 하루 흐름을 만드는 데 집중했습니다. 하루 일과에 규칙성이 생겼다면, 이제 수면 교육의 4단계인 스스로 잠들기 연습을 시작할 수 있습니다. 가정에서 단독으로 수면 교육을 시도하는 경우라면, 반드시 앞의 1~3단계가 먼저 안정된 후에 4단계를 진행하세요.

스스로 잠든다는 것은 아이가 외부의 도움(젖 물기, 흔들기, 안기 등) 없이도 스스로 이완하여 잠에 드는 과정을 말합니다. 아이가 졸리다는 신호를 보이면 엄마는 수면의식을 차분히 진행하고, 도움 없이 아이 스스로 진정하고 잠드는 것입니다.

물론 처음부터 모든 아이가 이렇게 할 수 있는 건 아닙니다. 어떤 아이는 한 번에 쉽게 스스로 잠들 수 있고, 또 어떤 아이는 수차례의 연습과 시간이 필요합니다. 이는 아이가 잘하고 못하고의 문제가 아니라, 그동안 잠드는 습관이 어떻게 형성됐는지에 따른 차이일 뿐입니다.

수면 교육은 '혼자 자게 만드는 훈련'이 아니라, 아이와 엄마가 함께 새로운 수면 방식에 익숙해져가는 과정입니다.

1. 스스로 잠들지 못하는 이유

수면연관은 아이가 잠들기 위해 필요로 하는 조건으로 스스로 유지 가능한지에 따라 좋은 수면연관과 나쁜 수면연관으로 나눌 수 있습니다.

나쁜 수면연관이 굳어지면, 아이는 혼자 잠드는 경험을 쌓기 어려워져 수면이 자주 끊기는 패턴이 만들어집니다. 그래서 깊고 긴 잠을 자기 힘들어지며, 한 번 잠에서 깨면 다시 잠들기 어려워집니다.

따라서 아이의 발달을 위해서는 의존적인 수면연관을 점차 줄이고, 스스로 잠들 수 있도록 잠드는 방식으로 조금씩 바꿔주어야 합니다.

2. 스스로 잠드는 힘은 아이 안에 있어요.

어떻게 '아이 스스로 잠드는 힘'을 기를 수 있을까요? '스스로 잠드는 힘'은 아이가 엄마에게 배우는 기술이라기보다 아이가 원래 가지고 있는 내면의 능력입니다. 아이는 자기 안의 감각과 감정을 알아차리고, 스스로 진정시키며 편안히 이완할 수 있는 힘을 가지고 있습니다. 엄마는 아이가 이 힘을 꺼내 사용할 수 있도록 환경을 만들어주고, 기회를 주는 따뜻한 조력자입니다.

많은 엄마들이 "정말 우리 아이가 스스로 잘 수 있을까요?" 하고 의구심을 갖습니다. 지금까지는 안아줘야만 잠들었기 때문에 더욱 그렇게 느껴질 수 있습니다. 하지만 믿어주세요. 우리 아이는 아직 그 능력을 꺼내 사용할 '기회'를 충분히 가져보지 못했을 뿐입니다.

5장에서는 아이에게 기회를 주는 방법과 그 과정을 따뜻하고 일관되게 이어가는 방법에 대해 자세히 소개합니다. 낮잠부터 밤잠까지 개월 수에 따라 어떤 접근이 효과적인지 안내합니다.

02

스스로 잠들기 연습 방법의 종류

스스로 잠들기 연습에는 크게 2가지 방식이 있어요.

1. 〈기회 주기+진정 도와주기〉 방식
2. 〈기회 주기+퀵 체크업(quick check-up)〉 방식

이 2가지 방식 중 어떤 방법을 선택할지는 아이의 개월 수, 인지 발달 정도, 그리고 기존 수면 습관이 얼마나 고착되어 있는지에 따라 달라집니다. 돌(12개월)을 기준으로 인지력이 급격히 발달하면서 돌 이후의 아이들은 익숙한 수면 방식에 대한 선호가 강해지고 새로운 방식에 대한 저항을 보이는 경우가 많습니다. 그래서 돌 이

전에는 〈기회 주기+진정 도와주기〉 방식, 돌 이후에는 〈기회 주기 +퀵 체크업〉 방식이 더 효과적입니다.

12개월 이전의 아이는 잠을 참거나 조절할 수 있을 만큼 아직 발달하지 않았습니다. 따라서 수면 습관이 어느 정도 만들어졌더라도 리듬 있는 하루 일과와 일관된 환경을 유지하고, 스스로 잠들 수 있는 기회를 자주 제공하는 것만으로도 충분히 건강한 수면 패턴을 만들어갈 수 있습니다.

반면 돌 이후 아이들은 자신에게 익숙한 수면 방법을 고수하려는 고집이 생기고, 원하는 것을 표현하는 능력도 발달합니다. 이 시기에는 수면 습관을 바꾸려면 엄마의 태도와 기준이 더 분명하고 일관되어야 합니다.

돌 이전 아이(6주~6개월): 기회 주기+진정 도와주기

이 시기 아이들은 아직 인지적으로 '예전 방식'을 확고하게 고수하거나, 변화에 저항하는 경향이 크지 않습니다. 엄마가 다가와 진정시켜주고 다시 물러나 기회를 주는 방식에 혼란을 느끼기보다 안정감을 느끼는 시기입니다. 자기 감정이나 감각을 정리하는 능력이 이제 막 생기기 때문에 외부의 온화한 개입이 진정에 도움이 됩니다.

따라서 이 시기에는 〈기회 주기+진정 도와주기〉 방식이 효과적입니다. 엄마의 손길이나 목소리, 가까이 있는 존재감이 '안심 신호'로 작용해 아이가 스스로 진정하는 감각을 익힐 수 있습니다.

중간 연령 아이(7~11개월): 유연한 선택 가능

7~11개월의 아이들은 개인차가 매우 큽니다. 어떤 아이는 여전히 부드러운 개입에 안정감을 느끼고, 또 어떤 아이는 이미 인지가 빠르게 발달해서 돌 이후 아이들처럼 '익숙한 방식'을 고집하고 변화를 거부하는 모습을 보이기도 합니다.

따라서 이 시기에는 처음에 〈기회 주기+진정 도와주기〉 방식으로 시작해보고, 아이가 과하게 흥분하거나 거부 반응을 보인다면 〈기회 주기+퀵 체크업〉 방식으로 전환하는 것이 좋습니다.

돌 이후 아이(12개월 이상): 기회 주기+퀵 체크업

12개월이 넘으면 인지 능력이 비약적으로 발달하면서 '기존에 자던 방식'을 기억하고 비교하며 기대하게 됩니다. 이 시기 아이들은 안아서 자기, 토닥임, 손잡기 등 기존의 수면 습관에 대한 선호가 훨씬 더 확고해지고, 새로운 방식에 대해 변화에 대한 거부감을 강하게 보이는 경우가 많습니다.

예를 들어 '평소에는 엄마가 잘 때까지 업어줬는데, 왜 오늘은 그냥 눕히지?'처럼 아이는 기존에 익숙했던 수면 방식과 새로운 상황을 비교하고 다르게 받아들이는 인지적 반응을 보이기 시작합니다. 이처럼 새로운 방식이 도입되면 혼란을 느끼거나, 감정적으로 격하게 반응할 수 있습니다. 의사 표현이 뚜렷해지고, 익숙한 루틴이 바뀌는 것에 대한 거부감도 점점 커지기 시작합니다.

이 시기에는 〈기회 주기+진정 도와주기〉 방식은 오히려 역효과를 낼 수 있습니다. 계속 다가갔다가 물러나는 반복적인 개입은 아이에게 지금 자신을 재워주려는 건지 아닌지 헷갈리게 만들고, 이 때문에 오히려 흥분이나 저항이 커질 수 있습니다.

따라서 이때는 간결한 방식인 〈기회 주기+퀵 체크업〉이 적합합니다. 적당한 주기로 엄마가 짧게 체크업하고 메시지를 전달해주면, 아이는 변화된 수면 방식에 서서히 익숙해지고 일관성 있는 메시지 속에서 엄마에 대한 신뢰도 함께 쌓아갈 수 있습니다.

아이의 개월 수별 스스로 잠들기 연습 방법을 정리하면 다음과 같습니다.

개월 수	추천 방법	이유
6주~6개월	〈기회 주기+진정 도와주기〉	외부 진정이 효과적인 시기, 인지적 저항 낮음
7~11개월	〈기회 주기+진정 도와주기〉 또는 〈기회 주기+퀵 체크업〉	발달 속도에 따라 유동적으로 선택
12개월 이상	〈기회 주기+퀵 체크업〉	인지가 발달해 예전 방식에 대한 선호가 강하고, 진정 개입이 혼란으로 작용할 수 있음

개월 수별 스스로 잠들기 추천 방법

03

스스로 잠들기 연습 가이드

아이의 발달 단계에 맞춘 스스로 잠들기 연습방법을 안내합니다. 하루아침에 스스로 잠드는 아이는 없습니다. 그래서 너무 무리하지 않고, 아이의 속도에 맞춰 천천히 연습해 나가는 것이 중요합니다. 실패해도 괜찮고, 다시 원래 방식으로 돌아가도 괜찮다는 마음으로 시작해 보세요.

1. 연습 시간

연습 시간이 정해진 것은 아니에요. 매일 조금씩 할 수 있는 만큼 진행하면 됩니다. 다만 깨어 있는 시간이 개월 수별로 어느 정도 정해져 있기 때문에 너무 오랜 시간 연습을 하면 하루 일과가 흐트러질 수 있습니다. 이를 고려해 참고할 수 있는 가이드는 있지만 반드시 이 시간을 채워야 하는 것은 아닙니다. 가정에서 단독으로 수면 교육을 시도할 때는 '최대한 천천히 연습하고 익혀간다'고 생각하는 것이 좋습니다.

낮잠 스스로 잠들기 연습 시간

- 6주~3개월: 20~30분 정도 연습
- 4~6개월: 30~40분 정도 연습
- 7개월 이후: 최대 40~60분

연습 시간 동안 잠들지 못했다면 원래 사용하던 수면연관으로 재웁니다(필수는 아니지만 가능하다면 기존과는 조금 다른 수면연관으로 재우는 것이 더 도움이 됩니다. 예를 들어 평소 안아서 재웠다면, 이번에는 엄마가 함께 누워서 재워주는 식입니다).

밤잠 스스로 잠들기 연습 시간

- 6개월 미만: 30~60분 연습
- 6개월 이상: 잠들 때까지 연습

연습 시간 동안 잠들지 못한 경우, 원래 사용하던 수면연관으로 재웁니다.

 **TIP 스스로 잠들기 연습 도와주기**

7~8개월 이후의 아이는 깨어 있는 시간을 최대한 늘려주는 것이 스스로 잠들기 연습을 하는 데 도움이 됩니다.

2. <기회 주기+진정 도와주기> 연습 방법

스스로 잠든다는 것은 아이가 자기 몸과 마음을 스스로 진정시키는 방법을 배우는 여정입니다. 엄마는 그 옆에서 조급함 없이 지켜보고, 필요할 때 다정하게 도와주는 조력자가 되어야 합니다. '엄마는 네 곁에 있어. 필요하면 언제든 도와줄게. 하지만 너도 해낼 수 있어'라는 마음으로 아이를 격려합니다.

STEP 0. 수면의식

수면의식은 아이를 각성 상태에서 이완 상태로 전환시켜주는 가장 효과적인 방법입니다. 특히 스스로 잠들기 연습 초기에는 이완이 잘된 상태에서 연습을 시작하는 것이 중요합니다. 깨어 있는 시간이 충분했는지 꼭 점검하고, 수면의식 중 아이의 몸짓 신호를 관찰합니다.

STEP 1. "잘 자~" 하고 침대에 눕힙니다.

수면의식이 끝나면, 마지막에 "잘 자~"라고 말하며 아이를 침대에 눕힙니다. 기존에 안아서 재우던 아이에게는 갑자기 침대에 눕히는 것이 낯설 수 있어서 스스로 잠들기 초기에는 충분히 이완된 상태, 즉 95% 정도 진정된 상태에서 침대에 눕히는 것을 목표로 합니다. 나머지 5%는 아이가 스스로 잠들 수 있도록 맡깁니다.

이렇게 엄마의 도움을 95%, 90%, 85%… 매일 조금씩 줄여가며 결국 0%에 이를 수 있도록 합니다. 동시에 아이가 스스로 진정하고 잠드는 비율도 5%로 시작해 조금씩 늘어나 10%, 15%, 20%… 100%까지 늘려가면서 스스로 잠드는 힘을 키워갑니다.

STEP 2. 기회 주기

아이를 침대에 눕힌 뒤에는 스스로 긴장을 이완할 수 있도록 '기회'를 줍니다.

엄마의 위치: 가능한 방 밖에서

기회 주기를 하는 동안에는 가능하다면 방 밖에서 기다리는 것이 가장 좋습니다. 아이의 신호를 더 정확하게 관찰할 수 있기 때문입니다.

방 안에 있으면, 어둠 속에서 울음소리만 들리기 때문에 아이의 상태를 정확히 파악하기 어렵습니다.

하지만 방 밖에서 베이비 캠으로 관찰하면 아이의 몸짓, 표정, 자세 등 훨씬 많은 정보를 정확히 볼 수 있습니다. '지금 들어가야 할까? 아니면 조금만 더 기다릴까?' 이 중요한 타이밍을 정확히 잡기 위해서는 시각 정보가 중요합니다.

아이의 몸짓 신호를 읽어주세요.
울음의 크기보다 더 중요한 건 아이의 몸 상태입니다. 다음은 캠으로 관찰할 수 있는 대표적인 자기 진정 신호들입니다.

- 눈을 꼭 감고 팔다리에 힘을 주며 웁니다.
  → 전형적인 '잠울음'으로 스스로 진정하기 위해 몸을 긴장시켜 이완을 유도하는 중입니다.
  → 중간중간 도와주어도 되지만, 하루에 단 몇 분이라도 기회 주는 시간을 늘려가는 게 좋습니다.

- 손을 빨거나, 인형을 만지는 행동을 합니다.
  → 다양한 자기 진정 전략을 시도하는 중입니다.
  → 아이가 스스로 감각을 익히는 중이므로 조금 더 시간을 주세요.

- 팔다리가 이완되고, '앵앵' 하는 낮은 울음으로 바뀝니다.
  → 수면 직전 단계인 슬립존에 들어간 상태입니다.
  → 이때는 최대한 개입하지 않고, 마지막 1%를 아이가 마무리 할 수 있도록 믿고 기다려 줍니다. 이 마지막 순간의 성공이 아이에게 큰 자신감을 줍니다.

기회 주기 시간은 '내가 줄 수 있는 만큼부터'

기회 주기에 정해진 시간은 없습니다. 아이도 엄마도 조금씩 익숙해져야 하기 때문입니다. 처음에는 1~3분으로 시작해서 익숙해지면 5분, 8분, 10분 점차 늘려가면 됩니다. 스스로 진정할 수 있는 기회를 가져본 아이는 '나는 할 수 있어'라는 내적 힘을 키우게 됩니다.

거듭 강조하지만 이 모든 것은 앞서 1~3단계가 안정적으로 자리 잡았고, 낮 시간 동안 충분한 애착과 상호 작용이 이루어졌다는 전제하에 진행합니다.

STEP 3. 진정 도와주기

기회 주기 후에도 아이가 진정되지 않고 도움이 필요하다고 느껴져 엄마가 직접 진정을 도와주는 단계입니다.

엄마가 먼저 마음의 준비를 합니다.

아이가 울고 있으면 엄마 마음도 함께 흔들릴 수 있습니다. 불편하고 불안한 감정이 생기는 건 자연스러운 일이지만 엄마의 감정 상태는 아이에게 그대로 전해집니다. 방에 들어가기 전, 짧게라도 마음을 가다듬는 시간을 가지고 최대한 편안한 상태로 들어가세요.

① 천천히 깊게 심호흡을 합니다.

② 우리가 '왜 스스로 잠들기 연습을 하는지'를 떠올립니다.
(예: '아이가 스스로 잠들고 밤에 통잠을 자는 것은 아이의 발달과 성장, 그리고 우리 가정을 위해 매우 중요한 일이야.')
③ 아이의 노력을 인정해 주세요.
(예: '지금 ○○가 스스로 진정하기 위해 이렇게 노력하고 있구나. 대견하다. 엄마가 꾸준히 곁에서 함께할게. 우리 같이 힘내자!')

이 짧은 시간이 엄마의 마음을 먼저 진정시켜주고, 그 편안함은 아이에게도 고스란히 전달됩니다.

진정 도와주기 방법

진정 도와주기는 '재우기'가 아니라 '돕기'입니다. 아이가 긴장을 내려놓고 이완 상태로 전환할 수 있도록 필요한 만큼만 도와줍니다. 진정 도와주기 방법은 크게 3단계로 구성이 되어 있고, 가능하다면 낮은 단계부터 시작하는 것이 스스로 진정하는 데 더 도움이 됩니다. 하지만 초반에는 아이에게 어떤 방법이 맞는지 알기 어렵기 때문에 다양한 시도가 필요할 수 있습니다. 부담 갖지 말고, 차분히 시도하세요.

① 진정 1단계: 존재만으로 진정
- 아이 옆에 조용히 차분하고 따뜻한 느낌을 전달한다는 느낌으로 앉습니다.

→ 말이 없어도 엄마의 존재, 냄새, 기운만으로 아이는 큰 안정감을 느낄 수 있습니다.

② 진정 2단계: 누운 상태에서 엄마의 손과 목소리로 진정
- 아이가 등을 대고 누워 있다면
 → 가슴 위에 손을 살짝 얹고, 지그시 눌러줍니다.
 → 백색소음이나 엄마의 '쉬~' 하는 소리가 도움이 됩니다.

- 아이가 옆으로 누워 있다면
 → 등을 토닥토닥하거나, 부드럽게 쓰다듬어 줍니다.

- 진정되었다면
 → 다시 기회 주기로 전환합니다.

③ 진정 3단계: 안아서 진정
누운 상태에서 진정이 어려워 계속 울거나 긴장된 상태가 유지된다면, 아이를 안아 진정시켜 줍니다. 다만 여기서 도와주는 이유는 안아서 재우는 것이 목적이 아니라, 진정이 된 후 다시 침대에 눕혀 아이 스스로 잠드는 마지막 단계를 완성할 수 있도록 연결해주는 데 있습니다.

STEP 4. 다시 기회 주기 → 진정 도와주기: 반복

진정이 된 후에는 다시 기회 주기로 돌아갑니다. 아이가 스스로 진정하다가 도움이 필요해 보이면, 다시 도와주기로 전환합니다. 이렇게 기회 주기와 진정 도와주기를 반복하면서 아이는 점점 스스로 진정할 수 있는 시간을 갖고 방법을 익혀갑니다.

이 과정에서 중요한 일은 아이를 안았을 때 또는 다시 눕혔을 때 '아이 몸의 신호와 표정'을 세심히 관찰하는 것입니다. 그 반응이 앞으로 연습 방향을 알려주는 중요한 단서가 됩니다.

오늘의 연습이 끝났다면, 그걸로 충분합니다.

가이드에서 제시한 연습 시간이 지났는데도 아이가 잠들지 못했다면, 그대로 따뜻하게 안아서 평소 재워주는 방식으로 재웁니다. 오늘 엄마가 재워주었다고 해서 스스로 잠들기 연습이 실패한 게 아닙니다. 아이가 자기 진정 능력을 키워가는 아주 귀중한 연습을 함께한 시간입니다. 오늘의 경험이 쌓여 우리 아이는 조금씩 스스로 잠드는 힘을 키우게 됩니다.

3. <기회 주기+퀵 체크업> 연습 방법

돌 이후 아이들은 인지 능력과 표현력이 급격히 발달하면서, 이전에 익숙했던 수면 방식을 유지하고자 하는 경향이 뚜렷해집니다. 이 시기의 아이들은 '지금까지 자던 방식'을 바꾸는 데 훨씬 더 강한 저항을 보이기 때문에 이 시기에는 '진정 도와주기'보다는

'짧고 일관된 체크업'을 통해 아이가 새로운 수면 방식에 적응할 수 있도록 도와주는 〈기회 주기+퀵 체크업〉 방식이 더 효과적입니다. '엄마가 재워주던 것처럼 스스로 자는 방법도 안전한 방법이야. 엄마는 네가 필요하면 언제든 도와줄 거야. 하지만 지금은 네가 해보는 시간이야'라는 메시지를 일관되게 전달하는 것이 핵심입니다.

STEP 0. 수면의식

아이의 수면 준비를 도와주는 수면의식은 그대로 유지합니다. 수면 루틴은 아이의 뇌에게 '이제 잘 시간이야'라는 신호를 주는 가장 효과적인 방법입니다. 각성 상태에서 이완 상태로 넘어갈 수 있도록 조용한 환경에서 책 읽기, 노래 부르기 등 익숙한 루틴을 반복해주세요.

STEP 1. 침대에 눕히고, "잘 자~" 하고 방에서 나옵니다.

수면연관을 줄이고 스스로 잠드는 연습을 시작하면 아이는 당황하거나 혼란스러워할 수 있습니다. 하지만 이런 감정은 새로운 환경과 방식에 적응해가는 자연스러운 과정입니다. 침대에 눕히며 "잘 자~" 같은 따뜻한 마무리 말을 해주고, 아이가 스스로 잠들 기회를 가질 수 있도록 방 밖으로 나옵니다.

STEP 2. 1차 기회 주기

아이에게 스스로 진정할 수 있도록 기회를 줍니다. 시작은 '지금 엄마가 줄 수 있는 시간'으로도 충분합니다. 처음에는 5~10분으로 시작해 아이 스스로 진정할 수 있도록 시간을 조금씩 늘립니다.

돌이 지난 아이는 이 과정에서 잠울음뿐 아니라 새로운 변화가 낯설어서 저항울음을 울 수 있습니다. 엄마의 개입이 잦을수록 새로운 수면 습관이 자리 잡는 데 더 많은 시간이 걸릴 수 있으므로 방 밖에서 캠을 통해 아이의 상태를 관찰해 주세요. 아이의 울음보다 몸짓, 자세, 손가락 빨기, 구르기 등 자가 진정 시도에 더 주목해 주세요.

STEP 3. 퀵 체크업

기회 주기 시간 동안에도 아이가 계속 울며 잠들지 못한다면, 방에 들어가 짧고 간단한 체크업을 합니다. 들어가기 전, 먼저 마음의 준비를 합니다. '나는 편안한 마음으로 아이를 확인하러 간다'는 말을 마음속으로 반복합니다. 아이는 엄마의 긴장감을 그대로 느끼기 때문에 이 짧은 준비만으로도 큰 차이를 만듭니다.

- 말은 최소화하고, 따뜻하지만 단호하고 분명한 톤으로 말합니다. "이제 잘 시간이야. 엄마는 문 앞에 있어. 사랑해"처럼 짧고 따뜻한 문장이 좋습니다.
- 확인 시간은 20초 이내로 짧게 합니다. 엄마가 체크업을 위해

방으로 들어가면 아이는 처음에 안아달라고 할 가능성이 높습니다. 1~2일 차에는 짧게 안아서 진정시켜도 괜찮지만, 3일 차부터는 말로만 안정감을 전달하는 것이 효과적입니다.

- 스스로 잠들기 연습 첫날에는 시작 후 '3~10분 간격의 초기 2회 퀵체크업'을 반드시 포함합니다. 아이에게 "오늘부터 방식이 달라졌어"라고 충분히 설명했다고 하더라도, 실제 상황에서 낯선 변화가 일어났을 때 당황할 수 있기 때문입니다. 따라서 초기 2회는 반드시 짧은 간격으로 퀵체크업을 하고 "이제부터는 스스로 자는 거야. 엄마는 문 앞에 있을 거야. 사랑해"라는 메시지를 전달해 줍니다.

이후에는 아이의 반응을 보며 체크업 간격을 점차 늘려가면 됩니다. 이 과정에서 가장 중요한 건 아이가 변화된 수면 환경을 분명하게 인지하고, 불안감 없이 새로운 습관을 받아들일 수 있도록 돕는 것입니다.

STEP 4. 다시 기회 주기 → 퀵 체크업: 반복

퀵 체크업 후, 방 밖으로 나와 다시 기회 주기를 합니다. 아이가 진정하고 얕은 울음을 울기 시작하면 슬립존에 들어간 상태이므로, 이때는 개입하지 말고 계속 기다려 줍니다.

여전히 진정되지 않는다면 다시 퀵 체크업을 반복합니다. 아이는 세상에서 엄마를 가장 깊이 신뢰합니다. 그래서 처음에는 온 힘을 다해 저항하고 요구하지만, 결국 엄마가 믿고 안내하는 방식이라면 점차 받아들이게 됩니다. 이때 중요한 것은 엄마의 일관된 태도와 '스스로 잠드는 것은 당연하고 좋은 일'이라는 확신을 아이에게 전달하는 것입니다.

수면 습관을 만드는 과정은 카시트에 앉는 법을 가르치는 것과 같습니다. 아이는 처음에는 불편하고 낯설어 엄마 품을 더 원할 수 있지만, 카시트에 앉는 것이 안전을 위한 유일한 방법이라는 걸 엄마가 당연하게 받아들이고 흔들림 없이 안내할 때 아이도 그 신호를 믿고 따르게 됩니다.

마찬가지로 스스로 자는 것이 아이에게 가장 건강하고 안정적인 방식이라는 확신이 엄마에게 있다면, 아이 역시 그 믿음을 따르게 됩니다. 이처럼 엄마의 확신이 곧 아이의 믿음이 됩니다.

TIP 스스로 잠들기 연습 도와주기

아이가 낮잠을 2회 자고 낮잠 2에서도 스스로 잠들기 연습을 진행하는 경우, 낮잠 1을 길게 자면 낮잠 2를 잘 때 스스로 잠들기 위한 수면압력이 부족해질 수 있으므로, 낮잠 1은 10~30분 이내로 짧게 재웁니다.

오늘의 연습이 끝났다면, 그것도 의미 있는 성장입니다.

정해둔 연습 시간 동안 아이가 잠들지 못했다면, 따뜻하게 안아서 재웁니다. 하루 연습으로 모든 변화가 완성되진 않지만, 오늘의 시도는 분명히 아이의 몸과 마음에 남아 있을 겁니다. 내일은 오늘보다 조금 더 익숙해질 것이고, 모레는 그보다 더 진정하는 시간이 빨라질 거예요. 중요한 건 완벽한 성공이 아니라, 꾸준한 연습과 믿고 기다려주는 마음입니다.

04

낮잠 연장 가이드

"낮잠을 30분만 자고 깨버려요."

"자다 깨서 울다가 잠을 못 이어가요."

낮잠은 밤잠보다 더 민감하고, 더 쉽게 깹니다. 하지만 아이가 스스로 한 사이클(약 40~60분)을 자는 능력을 키우는 것은 수면 발달의 중요한 전환점 중 하나입니다.

1. 낮잠 연장이란?

낮잠 연장이란 아이가 수면 사이클 1주기 이상(보통 1시간 이상) 잠을 지속하는 것을 의미합니다. 수면 사이클은 보통 깊은 잠(30~40분)과 얕은 잠(20~30분)으로 구성되어 있어요. 아이는 깊은 잠을 거쳐 얕은 잠에 이르며, 이후에는 자연스럽게 깨어나거나 다시 깊은 잠 단계로 들어갈 수도 있습니다.

'깊은 잠'은 신체의 성장과 회복을 돕고, '얕은 잠'은 정서 안정과 기억 정리에 중요한 역할을 합니다. 낮잠 연장의 목적은 이 두 단계를 충분히 경험하게 해주는 것입니다.

2. 낮잠 연장을 꼭 해야 하나요?

모든 낮잠을 꼭 1시간 이상 자야 하는 건 아닙니다. 30분만 자도 낮 동안 컨디션이 괜찮고, 다음 잠까지 문제가 없다면 굳이 연장하지 않아도 됩니다. 특히 낮잠이 3회 이상인 경우, 마지막 낮잠은 30분 정도로 유지하는 것이 밤잠에 더 도움이 됩니다.

단, 잠든 지 30~40분이 되지 않아 깼고, 깬 후 크게 울거나 칭얼거리며 피곤한 기색을 보인다면 수면 사이클 중 '얕은 잠'을 충분히 거치지 않고 각성 상태로 올라왔을 가능성이 높습니다. 이때는 바로 개입하지 말고 잠시 기다려주는 것이 좋습니다.

3. 낮잠 연장하는 2가지 방법

낮잠 연장에는 2가지 방법이 있습니다.

1. 엄마의 도움으로 연장하는 방법
2. 스스로 연장하는 방법

둘 중 어떤 방법이 '더 낫다'는 건 없지만 방법을 선택하는 기준은 하나입니다.

'엄마가 도와줬을 때 연장이 되는가, 되지 않는가?'

- 엄마의 도움으로 연장이 된다면, 연장을 도와줍니다.
- 엄마가 연장을 도와주러 방에 들어갈 때 오히려 더 깬다면, 스스로 연장하는 방법을 연습할 시점입니다. 스스로 연장할 수 있도록 기다려 줍니다.

TIP 스스로 낮잠 연장이 가능한 조건

스스로 낮잠 연장이 가능하기 위해서는 3가지 조건이 갖춰져야 해요.

1. 스스로 잠들 수 있어야 해요.
수면연관이 남아 있으면 스스로 연장은 어렵습니다.

2. 깨어 있는 시간이 적절하게 지켜져야 해요.
너무 피곤하거나 덜 피곤해도 연장이 잘 안 됩니다.

3. 어둡고 조용한 환경이 필요해요.
빛과 소음은 뇌를 자극해서 쉽게 깨게 만듭니다.

엄마의 도움으로 연장하기

아직 스스로 자는 능력이 충분하지 않거나, 5~6개월 이전의 아이들은 엄마의 도움을 통해 낮잠을 연장할 수 있습니다. 이때는 아이에게 익숙한 토닥이, 쪽쪽이, 안아서 둥가둥가 등 수면연관을 활용해 낮잠 연장을 도와줍니다.

TIP 울기 전에 미리 개입하기

아이의 낮잠 사이클을 예측해 깰 시간(보통 20~40분)이 되기 약 5분 전에 미리 살짝 들어가 꿈틀거리거나 눈을 비비는 신호가 보이면 바로 연장을 도와줍니다. 단, 25분 이상 도와줘도 다시 잠들지 않는다면, 깨어난 것으로 보고 다음 일과로 넘어가면 됩니다.

스스로 연장하기

5~6개월 이상의 아이들, 때로는 그 전의 아이도 '엄마가 방에 들어오면 무언가 재미있는 일이 생긴다'는 인지가 생기기 시작합니다. 그래서 엄마가 낮잠 연장을 도와주러 들어갔을 때 오히려 눈이 반짝반짝해지며 잠을 깨는 경우가 있습니다. 이런 경우라면, 스스로 연장하는 방법이 더 효과적입니다.

아이 스스로 낮잠 연장하기의 핵심은 '기회 주기'입니다. 얕은 잠 상태에서 완전히 깼다고 단정 짓지 말고, 잠시 기다려 줍니다.

아이가 깬 시점	기회 주기 시간
낮잠 시작 후 20분 이내	25~30분 기회 주기 가능
낮잠 시작 후 20~40분	20~25분 기회 주기 가능
40~60분 이상 잤을 경우	굳이 연장하지 않아도 됨. 연장이 필요하다면 5~10분 가볍게 연습

아이가 낮잠에서 깬 후 기다리는 시간 기준

당연히 모든 잠을 길게 자야 하는 것은 아니므로 낮잠 횟수에 따라 1~2회 정도만 연장 시도를 하면 됩니다.

기회 주기 후 다시 잠들지 않으면 깨어난 것으로 보고 다음 일과로 넘어가면 됩니다. 기회 주기를 하는 동안 아이가 울지 않고 놀고 있다면, 조금 더 기회주기를 해도 됩니다.

아이에 따라 낮잠 연장이 잘 되는 경우도 있고 그렇지 않은 경우도 있습니다. 하지만 하루하루 연장 경험이 누적될수록 아이의 몸은 자연스럽게 '한 사이클 이상 자는 감각'을 익혀갑니다.

스스로 잠들기가 어려운 상황이라면, 스스로 잠들기 연습부터 해야 합니다. 하지만 아이 스스로 잠들기가 가능하다면 낮잠을 연장할 수 있는 능력도 가지고 있으므로 필요한 잠을 스스로 채울 수 있습니다.

[5단계]
통잠 늘리기 연습

01
통잠의 조건과 방해 요인 극복하기

스스로 잠들기가 어느 정도 가능해졌다면 이제는 밤잠의 연속성을 늘려줄 수 있는 마지막 5단계를 시도할 수 있습니다. 여기서 다시 한 번 강조하면 통잠 연습은 수면 교육의 가장 마지막 단계라는 사실입니다. 첫 단계에서 무리하게 통잠을 시도하는 것이 아니라, 기본기가 충분히 다져진 후에 자연스럽게 넘어가야 합니다.

앞서 살펴본 것처럼 통잠이란 '밤중 수유 없이 연속해서 잘 수 있는 능력'을 말합니다. 절대 '10~12시간 한 번도 울지 않고 자야만 통잠'이 아닙니다. 그리고 통잠 가능 시간은 개월 수마다 다르며, 아이가 가진 '통잠 능력의 최대치' 이상으로 오래 자기를 기대하는 것은 적절하지 않습니다.

하지만 6개월이 넘어 이유식을 시작했고 체중도 잘 늘고 있으며, 소아과에서도 밤중 수유가 꼭 필요하지 않다고 한다면 밤중 수유를 줄여가는 것이 필요합니다.

우리가 기대할 수 있는 통잠의 전제 조건 3가지, 다시 떠올려 볼까요?('1장 11. 개월 수별 통잠 시간' 참고)

1. 아이의 체중이 잘 늘고 있을 것
2. 낮 동안 수유량이 충분할 것
3. 의존적인 나쁜 수면연관이 없을 것

이제부터 본격적으로 통잠 늘리기 연습을 어떻게 진행할지 살펴보겠습니다.

1. 수면연관이 있는 경우

입면 과정에서 나쁜 수면연관이 있다면, 아이는 밤중에도 수면주기가 변할 때마다 그 연관을 찾게 됩니다. 하지만 스스로 잠들기 연습이 꾸준히 진행 중이라면, 밤에도 수면연관 없이 잠드는 힘이 함께 자라고 있다는 뜻입니다.

입면 시 수면연관을 없애는 것이 밤잠을 자는 동안 수면주기를 이어가는 것보다 더 어려운 단계입니다. 그래서 입면만 안정되면 통잠은 의외로 쉽게 따라옵니다.

반대로 입면에서 스스로 잠들기가 충분히 되지 않았다면, 밤중 기회 주기를 길게 주어도 스스로 잠을 이어가기는 어렵습니다. 따라서 4단계(스스로 잠들기)가 어느 정도 진행되었을 때 5단계(통잠 연습)를 병행해야 합니다.

밤중에도 입면 과정과 마찬가지로 〈기회 주기+진정 도와주기〉로 대응해 줍니다. 아이들은 수면주기가 바뀔 때마다 얕은 잠에 도달하는 데 이때 잠울음을 보입니다. 수면연관이 없는 아이라면, 약간의 울음 후 스스로 다시 잠을 이어서 자게 됩니다. 하지만 아직 의존적인 수면연관이 남아 있다면, 얕은 잠에서 다시 잠으로 들어가지 못하고 각성 상태로 깨어나서 잠을 이어가지 못합니다.

스스로 잠들기 연습이 시작되었다면 밤중에 깼을 때도 너무 빨리 반응하지 않는 것이 중요합니다. 울음소리가 들린다고 바로 개입하지 말고, 아이가 얕은 잠에서 울다가 다시 잠들 수 있도록 잠시 기회를 주어야 합니다. 기회 주기 시간을 5분, 10분 조금씩 늘려가다 보면 처음에는 수면연관에 의존하던 아이도 스스로 잠들기가 진행되면서 밤중에도 길게 수면주기를 이어가는 힘을 키우게 됩니다.

2. 밤중 수유가 있는 경우

아이가 수면연관에서 벗어나 스스로 잠드는 것이 안정되었다면, 이제 남아 있는 밤중 수유를 천천히 줄여갈 단계입니다. 이때의 목표는 '통잠을 방해하는 불필요한 수유'를 자연스럽게 줄이는 것입니다.

단, '줄인다'는 건 무조건 수유를 완전히 끊는다는 의미는 아닙니다. 생리적인 배고픔이 아닌데도 습관적으로 이루어지는 수유를 점차 줄여나간다는 뜻입니다. 이를 위해 우리는 아이의 울음이 실제로 배가 고파서인지, 아니면 단순히 수면주기의 전환에 따른 반응인지 구별하는 연습이 필요합니다.

① 현재 '통잠 시간' 확인하기

최근 1주일 정도의 기록을 바탕으로 밤잠 입면 후 첫 수유가 언제였는지 체크해 봅니다. 예를 들어 8주 아이가 밤 7시~새벽 2시 사이에 5시간 이상 통잠을 자본 경험이 2~3회 이상이라면, 최소 5시간 통잠이 가능한 능력을 갖추었다고 볼 수 있습니다. 단, 주 수 기준 통잠 시간의 최대치(예: 6주 → 6시간)는 넘지 않도록 합니다.

② '통잠 시간' 이전에 깼다면

아이가 통잠 가능 시간 이전에 깼다면, 최대한 기회를 주세요. 이는 깊은 잠에서 얕은 잠으로 전환되는 과정에서 생기는 울음일 가능성이 높기 때문입니다. 스스로 진정할 수 있는 아이에게는 기회를 주는 것이 숙면을 선물할 수 있는 가장 좋은 방법입니다. 단, 다음 2가지 조건이 충족되어야 한다는 점, 다시 한 번 강조합니다.

1. 체중이 잘 늘고 있어야 합니다.
2. 낮 동안 수유량이 충분해야 합니다.

'통잠 시간' 이후에 깼다면

통잠 시간 이후에 깼다면, 수유를 합니다. 수유 후에는 아이의 통잠 가능 시간을 업데이트해서 기록하고, 점차 통잠 시간을 개월 수(주 수)에 맞게 늘려갑니다.

 **TIP 밤중 수유 방법**

- 수유 전 기저귀를 먼저 갈아줍니다.
- 주변은 최대한 어둡고 조용하게 유지합니다.
- 눈 맞춤, 대화, 상호 작용은 피합니다.
→ 아이가 '밤은 노는 시간'이라고 착각하지 않게 하기 위해서입니다.
- 낮과 같은 양으로 수유합니다. 억지로 적게 먹이지 않습니다.
- 수유 후 트림하고 바로 재웁니다. 낮에는 먹-놀-잠이지만, 밤에는 먹-잠입니다.

통잠은 억지로 가르치는 기술이 아닙니다. 사람은 원래 밤에 통잠을 자도록 설계되어 있고, 우리 아이도 자연스럽게 그 리듬을 향해 가고 있는 것입니다.

이 과정에서 중요한 것은 아이가 스스로 자신의 리듬을 이어갈 수 있도록 엄마가 조용히 기다려주는 것입니다. 얕은 잠에서 잠시 울더라도 아이의 흐름을 방해하지 않고 기다려주는 것, 그게 바로 우리가 해줄 수 있는 가장 큰 지지입니다. 그러면 아이는 결국 통잠을 자게 됩니다.

③ 마지막 수유 때 졸지 않게 하기

마지막 수유 때 졸며 먹는 습관이 생기면 밤잠 초반에 자주 깨거나 통잠이 짧아질 수 있습니다. 이럴 땐 다음과 같이 합니다.

- 마지막 수유 시간에 조명을 약간 켜서 아이가 깨어서 먹도록 돕기
- 계속 졸면, 수유를 목욕 전에 배치해보기
- 졸면서 먹는다면, 수면연관일 가능성이 높으므로 스스로 잠들기 연습부터 진행하기

스스로 잠들기 연습하는 하루 24시

01
4개월 아이의 하루 일과 예시

지금까지 우리는 아이의 수면 발달, 수면 교육의 원리 그리고 스스로 잠들기 위한 다양한 방법들을 차례로 살펴보았습니다. 이제 이 모든 내용을 실제 하루 일과 속에서 어떻게 적용할 수 있는지 알아보겠습니다.

스스로 잠드는 연습은 단순히 입면 순간에만 필요한 것이 아닙니다. 하루를 어떻게 시작하고, 어떤 리듬으로 보내며, 어떤 방식으로 잠자리에 드는지까지 전 과정이 유기적으로 연결될 때 비로소 아이의 생체리듬이 안정되고, 스스로 잠드는 힘도 자라납니다.

'4개월 아이의 하루'를 예시로 들어, 아침 기상부터 다음 날 아침까지 24시간 동안 수면 교육이 어떤 흐름으로 이루어지는지 구체적으로 알아보겠습니다.

> **4개월 아이의 수면리듬**
>
> - 깨어 있는 시간: 2시간~2시간 20분
> - 낮잠 횟수: 하루 3~4회
>
>   (첫 낮잠 전까지 깨어 있는 시간이 가장 짧고, 마지막 낮잠은 짧게 진행하는 경우)

07:00 | 아침 기상

　기상 시간은 하루 수면 흐름의 시작점입니다. 안정적인 생체리듬은 일정한 시간에 빛 자극을 받는 것에서 시작됩니다. 실제로 매일 같은 시간에 일어나 빛을 쬐기만 해도 아이의 뇌는 '아침이 되었다'는 신호를 받게 됩니다.

　이 신호는 하루 전체 각성주기와 수면-각성 호르몬 분비의 기준점이 되며, 나아가 수면의 질에도 긍정적인 영향을 줍니다. 특히 24개월 이전의 아이들은 이 생체리듬이 빠르게 형성되는 시기이므로, 기상 시간만 일정하게 유지해도 밤잠의 질이 눈에 띄게 좋아질 수 있습니다.

　다음은 기상 시간 전후에 자주 마주치는 3가지 상황과 적절한 대처방법입니다.

5:00~6:00에 깬 경우

이 시간은 아직 밤잠으로 간주합니다. 수유가 필요하다면 평소 양의 절반 정도만 하고, 안기, 흔들기 등 수면연관이 필요한 아이라면 먼저 짧은 기회 주기를 시도한 후, 아이가 스스로 잠들지 못할 경우 수면연관을 사용해서 잠들 수 있도록 도와주세요. 점차 스스로 잠들기가 익숙해질수록 기회 주기 시간을 조금씩 늘리고, 수면 연관 사용 빈도는 천천히 줄여가며 밤중에도 혼자 다시 잠드는 힘을 기를 수 있도록 유도합니다(반복적으로 새벽에 일어날 경우 '5장 03. 스스로 잠들기 연습 가이드'와 '8장 02. 이른 기상 해결방법' 참고).

6:00~7:00에 깬 경우

취침 후 10시간 이상 경과했다면, 이 시간에 기상해도 괜찮습니다. 아이들은 자연계의 리듬을 따르기 때문에 해가 뜨는 6~7시 사이에 자연스럽게 일어나는 것을 좋아합니다. 단, 아이가 일어난 듯 보이나 조용히 놀거나 멍한 상태라면 얕은 잠일 가능성이 높으므로, 바로 개입하지 않고 조금 더 얕은 잠에서 머무를 수 있도록 해주세요.

7:00가 넘어도 자고 있는 경우

기상 시간까지 잠을 자고 있다면 생체리듬을 안정적으로 형성하기 위해 부드럽게 깨워주는 것이 좋습니다. 특히 밤에 자주 깬 날에는 평소보다 더 늦게까지 재우는 경우가 많은데, 이렇게 기상 시간이 들쭉날쭉하면 아이의 생체리듬이 불안정해지기 쉽습니다. 밤중에 몇 번 깼든, 몇 시에 다시 잠이 들었든 관계없이 정해진 시간에 일어나는 습관을 유지하는 것이 리듬 형성에 매우 중요합니다.

아이를 깨우는 가장 좋은 방법은 자연광 노출입니다. 방의 커튼을 열어 햇빛이 아이 얼굴에 닿게 해주세요. 햇빛은 아이의 생체시계에 '지금은 낮이다'라는 강력한 신호를 보냅니다. 아이가 빛에도 반응하지 않는다면, 조용한 목소리로 "○○야, 이제 아침이야"라고 부드럽게 말해줍니다('3장 04. 기상 루틴 만들기' 참고).

7:10 | 첫 수유

기상 후 10~15분 이내에 아이가 정신이 든 상태가 되면 첫 수유를 시작합니다. 밤중 수유를 했다고 첫 수유 시점을 늦추지 않는 것이 좋습니다.

새벽 5시 이후에 밤중 수유를 많이 하는 경우, 첫 수유에서 먹는 양이 줄 수 있습니다. 이를 방지하기 위해 새벽 5시 수유는 평소 수유량의 절반 정도만 주는 것을 권장합니다. 새벽 수유는 점차 줄고, 첫 수유는 유지되어야 하므로 아침 수유를 미루는 대신 5시 수유량을 조절하는 것입니다.

수유할 때는 아이가 졸지 않도록 방 안을 밝게 유지하고, 눈을 맞추며 따뜻하게 상호 작용해 줍니다. 첫 수유는 단순한 먹는 시간이 아니라, 엄마와 함께하는 첫 식사시간이자 아이에게 '이제 깨어 있는 시간이 시작됐다'는 신호를 주는 중요한 전환점이 됩니다.

또한 생후 10~12개월 무렵이 되면 첫 수유를 점차 이유식으로 전환합니다. 늦어도 돌 즈음에는 아침 첫 끼가 수유 대신 이유식이 되도록 합니다('4장 02. 먹놀잠 리듬 만들기' 참고).

7:30 | 첫 번째 놀이 시간

수유가 끝나고 나면 본격적인 하루의 첫 놀이 시간입니다. 아이가 깨어 있는 시간을 어떻게 보내느냐에 따라 수면리듬은 물론, 정서적 안정에도 영향을 줍니다.

꼭 엄마 품에 안겨서 놀 필요는 없습니다. 생후 3~4개월 이전의 아이들은 스스로 움직이기 어렵기 때문에 등을 대고 눕히거나 엎드린 터미타임(tummy time) 자세로 자주 시간을 보내는 것이 좋습니다.

아이가 누워 있을 때는 엄마가 얼굴을 가까이 대고 눈을 맞추거나, 부드러운 목소리로 말을 걸고 손을 잡아주는 것만으로도 충분한 상호 작용이 됩니다. 4개월 이후는 뒤집기와 되집기를 시도하며 활발하게 움직이려는 시기이므로 바닥에서의 놀이가 신체 발달에 특히 도움이 됩니다.

가능한 한 이 시간에는 아이와의 시간에 집중하면 좋습니다. 집안일을 모두 멈출 수는 없겠지만, 짧게라도 아이와 연결되는 이 순간을 충분히 느껴보길 권합니다. 낮 동안 충분히 사랑받고 교감한 아이는 낮잠과 밤잠 모두에서 더 안정적으로 잠들 수 있습니다('1장 01. 생애 첫 2년의 수면이 중요한 이유' 참고).

깨어 있는 시간과 졸음 신호를 확인해요.

이 시기의 아이들은 생체리듬이 빠르게 변화하기 때문에 밤잠 이후 첫 깨어 있는 시간은 수면압력이 가장 빠르게 차오르는 시간입니다. 즉, 피로가 빨리 쌓이고 졸음 신호도 비교적 쉽게 나타나는 시점입니다. 눈을 비비거나 멍해지거나 하품하는 등의 사인이 보이면 다음 수면 준비로 넘어갈 수 있도록 준비합니다.

스스로 잠들기에 대해 설명해 주세요.

스스로 잠들기를 시작했다면, 첫 번째 깨어 있는 시간에 아이에게 수면 교육에 대해 설명해 줍니다. 아이들은 엄마의 말뜻을 정확히 이해하지는 못해도 엄마가 전달하는 느낌과 태도는 그대로 느낍니다.

스스로 잠들기라는 낯선 과정을 엄마가 함께해줄 거라고 말하면서 아이를 따뜻하게 안아주는 것이 중요합니다(아이에게 설명하는 방법은 '3장 01. 엄마의 준비' 참고).

8:50 | 첫 번째 낮잠(낮잠 1)

첫 번째 낮잠은 생체리듬상 아이가 가장 쉽게 잠들 수 있어 스스로 잠들기에 성공하기 가장 좋은 낮잠입니다. 따라서 수면 교육을 시작할 때는 이 낮잠부터 연습을 시작하는 것이 성공률을 높입니다.

졸음 신호가 보이면 너무 늦기 전에 바로 수면 루틴으로 연결해

줍니다. 낮잠 전 수면 루틴은 짧고 일관되게 진행합니다(졸음 신호는 '1장 08. 수면 관련 행동 언어 이해하기', 낮잠 전 수면 루틴은 '3장 03. 수면 루틴 만들기' 참고).

스스로 잠들기 연습을 해볼 시간이에요.

수면 루틴이 끝나면 아이를 잠자리에 눕힌 후 '5장 02. 스스로 잠들기 연습 방법의 종류' 중 우리 아이에게 맞는 방식으로 연습을 시작합니다. 많은 아이들이 잠울음을 보일 수도 있지만, 연습이 반복될수록 '혼자 잠드는 과정'이 점차 익숙해집니다. 처음부터 잘 되지 않아도 괜찮습니다. 이 시기의 연습은 '잠드는 방법을 스스로 익히는 과정' 그 자체에 의미가 있습니다.

너무 짧게 자고 깨버렸다면?

낮잠이 너무 짧게 끝나거나, 아이가 30분도 되지 않아 깼다면 '5장 04. 낮잠 연장 가이드'에 따라 연장 도와주기 또는 기회 주기를 합니다.

낮잠 1의 연장 성공률은 상대적으로 높기 때문에 연장 연습을 병행하면 좋은 결과로 이어질 수 있습니다. 단, 연장이 되지 않고 짧게 자더라도 실망하지 말고 일관되게 연습합니다. 수면 교육은 일관된 연습의 '과정'을 통해 조금씩 만들어지는 변화입니다.

10:00 | 첫 번째 낮잠 후 기상

낮잠에서 깬 직후는 다시 깨어 있는 상태로 전환되는 시점입니다. 특히 스스로 잠들기 연습을 하고 있는 아이라면, 이때 엄마의 첫 반응과 태도는 '내가 스스로 자는 것이 안전한 일이구나'라는 느낌을 형성하는 데 도움이 됩니다.

아이가 기상하면 반가운 눈빛과 미소로 아이를 맞아줍니다. 짧은 시간이더라도 이런 순간들이 아이에게 안정감을 줍니다.

스스로 잠들기를 연습하는 중이라면 격려도 함께해 줍니다.

"이렇게 스스로 자고 일어나다니 정말 너무 멋져!"

"연습 중에는 잘 잘 수도 못 잘 수도 있어. 다 괜찮아. 엄마는 네가 이렇게 연습을 하고 있는 것 자체가 정말 자랑스러워."

이런 말 한마디는 아이에게 '지금 이 과정이 안전하다'는 느낌을 줍니다. 잠을 잘 자는 것보다 스스로 잠들기 위해 최선을 다한 아이의 노력에 초점을 맞춰줍니다(기상 루틴은 '3장 04. 기상 루틴 만들기' 참고).

낮잠이 짧게 끝났거나, 스스로 잠들지 못해 엄마가 재워 주었더라도 괜찮습니다. 그건 실패가 아니라 연습의 과정이고, 이런 과정을 통해서 스스로 잠드는 힘이 길러지기 때문입니다.

11:00 | 두 번째 수유

낮잠에서 깬 뒤 아이가 어느 정도 정신이 들고 안정된 상태가 되면 두 번째 수유를 합니다. 4개월 아이의 경우 수유텀은 약 3~4시간으로 조절합니다. 하지만 깨어 있는 시간은 보통 2시간 정도이기 때문에 수유는 기상 후 1시간 30분 이내에 해주는 것이 좋습니다. 그래야 다음 낮잠 시간과 너무 가까워지지 않고, 먹다가 졸지 않게 됩니다(개월 수별 기상 후 수유시간은 '4장 02. 먹놀잠 리듬 만들기' 참고).

- 깨어 있는 시간이 1시간 이하인 경우, 기상 후 30분 이내에 수유 권장
- 깨어 있는 시간이 1시간 30분 이하인 경우, 기상 후 1시간 이내에 수유 권장

수유 중에는 아이가 졸지 않는 것이 중요합니다. 방 안은 밝게 하고, 아이가 눈을 뜬 상태를 유지할 수 있도록 눈을 맞추거나 말도 걸어주며 수유에 집중합니다. 수유하면서 바로 잠드는 일이 반복되면, 수유와 잠이 연결되는 습관이 생기기 쉽습니다.

아이가 수유하는 중에 계속 존다면 수유 전에 잠이 충분했는지, 방이 너무 어둡지는 않은지, 혹은 수유 자세나 환경이 너무 편안해서 졸음이 오는 건 아닌지 점검해보는 것도 좋습니다. 수유는 단순히 배를 채우는 시간이 아니라, 하루의 리듬을 다시 이어주는 깨어 있는 시간의 한 부분이라는 것을 기억합니다.

11:10 | 두 번째 놀이 시간

두 번째 깨어 있는 시간은 아침보다 조금 더 길어집니다. 4개월

아이의 경우 2시간~2시간 20분 사이를 기준으로 보되, 아이의 컨디션이나 졸음 신호에 따라 유연하게 조절해 줍니다.

이 시간대에는 아침보다 조금 더 자극이 있는 놀이를 시도해볼 수 있습니다. 감각을 깨우고 운동 발달을 도울 수 있는 놀이도 좋습니다.

무엇을 하든 핵심은 아이와의 연결감이 유지되는 것입니다. 장난감을 손에 쥐여주고 혼자 두는 것이 아니라, 엄마가 함께 장난감을 만지고, 웃어주고, 반응해주는 상호 작용이 필요합니다.

놀이 중 아이가 점점 멍해지거나, 움직임이 줄고 눈을 자주 깜빡이거나 하품을 하기 시작한다면, 졸음 신호일 수 있으니 다음 수면 준비를 시작합니다(졸음 신호는 '1장 08. 수면 관련 행동 언어 이해하기' 참고).

12:00 | 두 번째 낮잠(낮잠 2)

두 번째 낮잠은 아침보다 깨어 있는 시간이 조금 더 길어진 상태에서 들어가는 수면입니다. 일반적으로 첫 번째 낮잠에서 스스로 잠들기 성공 가능성이 가장 높고, 낮잠 시간이 뒤로 갈수록 아이의 각성도가 높아지면서 성공 확률은 점차 낮아집니다. 특히 마지막 낮잠에 가까워질수록 스스로 잠드는 것이 어려워지므로, 두 번째 낮잠부터는 잠들기까지 시간이 더 걸리는 경우가 많습니다.

이 시점에서도 낮잠 전 수면 루틴은 일관되게 유지해 줍니다. 수면 루틴은 아이에게 '이제 잠을 잘 시간이야'라는 신호를 반복적으로 전달하는 과정입니다(낮잠 전 수면 루틴은 '3장 03. 수면 루틴 만들기'

참고).

낮잠 2도 스스로 잠들기 연습을 이어갑니다.

스스로 잠들기를 연습 중이라면, 낮잠 2에서도 그 흐름을 이어갑니다(연습 방법은 '5장 02. 스스로 잠들기 연습 방법의 종류' 참고).

아이가 낮잠 1에서 스스로 잠들었더라도 낮잠 2에서는 스스로 잠들지 못하는 경우가 있습니다. 매번 결과가 다르더라도 당황하지 말고, 지속적으로 시도하는 것 자체에 의미를 두어야 합니다.

낮잠이 짧게 끝났을 때

낮잠 2가 30분 미만으로 짧게 끝나는 경우가 있습니다. 이때는 '5장 04. 낮잠 연장 가이드'를 참고해 다시 잠들 수 있는 환경을 만들어 줍니다.

13:30 | 두 번째 낮잠 후 기상

두 번째 낮잠이 끝나고 아이가 깨어나는 시간입니다(기상 루틴은 '3장 04. 기상 루틴 만들기' 참고).

- 기상 루틴으로 아이가 일어나는 순간을 활기차고 따뜻하게 맞이해 주세요.
- 아이 스스로 잠들기 연습 중이라면 일어났을 때 다시 한 번 노력을 인정해 주세요.

15:00 | 세 번째 수유와 놀이 시간

두 번째 수유와 마찬가지로, 4개월 아이는 수유텀이 3~4시간이 되도록 기상 후 1시간 30분 이내 수유를 진행합니다. 또한 수유 중에는 아이가 졸지 않도록 환경을 만들어 줍니다(수유 흐름과 리듬은 '4장 02. 먹놀잠 리듬 만들기' 참고).

세 번째 놀이 시간에는 아이의 활동량이 점차 늘어납니다. 이 시간에는 감각 자극이나 터미타임을 더 늘려가도 좋습니다. 뒤집기를 준비하는 시기라면 자주 등을 바닥에 대고 눕혀줍니다.

무엇보다 중요한 건 아이와의 상호 작용이 꾸준히 이어지는 것입니다. 아이의 반응을 보고, 그 반응에 엄마가 응답해주는 과정은 아이에게 안정감과 즐거움을 동시에 줍니다. 이때 졸음 신호가 나타나는 시점을 지나치지 않도록 중간중간 아이의 얼굴과 행동을 살핍니다.

15:40 | 마지막 낮잠(낮잠 3)

낮잠을 세 번 자는 아이라면 낮잠 3이, 네 번 자는 아이라면 낮잠 4가, 다섯 번 자는 아이라면 낮잠 5가 그날의 마지막 낮잠이 됩니다. 마지막 이전의 낮잠은 일반적으로 두 번째 낮잠과 유사하게 진행하면 됩니다.

하루의 마지막 낮잠은 30분 이내로 짧게 자는 것이 좋습니다. 이전 낮잠을 짧게 잤다고 해서 마지막 낮잠을 길게 재우면 오히려 밤잠이 늦어지거나 자주 깨는 등 수면 흐름이 흐트러질 수 있습니다.

또한 이 낮잠은 스스로 잠들기 연습에서 예외로 두어도 괜찮습니다. 하루 중 각성도가 가장 높은 시간이기 때문에 잠드는 것이 어려울 수 있고, 아이가 진정하는 데 부담을 느낄 수도 있습니다. 이때는 유모차, 안기, 아기띠처럼 평소 사용하던 방법으로 재워주어도 좋습니다.

만약 스스로 잠들기 연습을 시도하고 싶다면, 5분 이내의 짧은 기회 주기만 적용하고, 울음이 지속되면 도와주는 것이 좋습니다. '기회 주기'를 스스로 잠들기 가능성이 높은 첫 번째와 중간 낮잠에 집중하고, 가능성이 낮은 마지막 낮잠에 최소화하는 전략은 아이에게 과도한 스트레스를 주지 않으면서도 효과적으로 연습을 지속할 수 있는 방법입니다.

이처럼 각 낮잠별로 다른 전략을 쓰면 아이의 성공 경험이 늘어나고, 엄마의 피로감도 줄일 수 있습니다. 하루의 마지막 낮잠이 재워주기 방식이라도 스스로 잠들기를 완성하는 데 전혀 문제가 되지 않습니다. 오히려 전략적으로 유연하게 접근하는 것이 장기적으로 더 도움이 됩니다.

18:15 | 수면 루틴과 마지막 수유

하루의 마지막 깨어 있는 시간이 끝나갈 무렵에는 아이의 몸과 마음을 천천히 잠으로 전환해주는 수면 루틴이 필요합니다. 수면 루틴은 단순한 루틴이 아니라, 매일 반복되는 신호를 통해 '이제 잠잘 시간'이라는 것을 자연스럽게 인식하도록 돕고 이완하게 만드는 중요한 과정입니다.

    이 시점에서는 활동을 점점 줄이고, 조도는 어둡게, 목소리는 낮추는 방향으로 전환해 줍니다. 목욕, 기저귀 갈기, 수유가 포함될 수 있고, 따뜻한 내용의 짧은 책 한 권을 읽어주는 것도 좋습니다. 중요한 건 매일 같은 순서와 분위기를 유지하는 것입니다.

    낮잠 수면 루틴과 비교했을 때 밤잠 수면 루틴의 가장 큰 차이는 목욕과 마지막 수유가 포함된다는 점입니다.

목욕

    목욕은 아이의 체온을 약간 올렸다가 다시 떨어뜨리는 과정을 통해 수면을 유도하는 데 도움을 주기 때문에 잠자기 전 루틴으로 매우 좋은 활동입니다. 하지만 여건상 밤에 목욕을 하기 어렵다면, 낮에 목욕하고 밤에는 생략해도 괜찮습니다.

    또한 매일 목욕하지 않고 격일로 하는 경우라면, 목욕하지 않는 날에는 욕조에 앉혀 간단히 세수를 하면서 루틴을 유지하는 것도 한 방법입니다.

마지막 수유

    이때 아이가 졸지 않도록 아이와 눈을 맞추고 따뜻하게 교감하며 중간중간 꼭 깨워서 수유할 수 있도록 합니다. 마지막 수유 중 졸면 밤잠이 시작된 후 초반에 깨는 일이 생길 수 있습니다. 또한 먹다가 잠드는 일이 반복되면, 수유와 수면이 강하게 연결되어 스스로 잠드는 힘을 기르기 어려워집니다.

　수면 루틴의 핵심은 예측 가능성과 정서적 안정입니다. 오늘도 똑같이 마무리되는 하루는 아이에게 큰 안도감을 줍니다. 그 속에서 아이는 잠들 준비를 스스로 시작하게 됩니다.

19:00 | 밤잠 시작

　밤잠은 저녁 7시에 시작하는 것이 가장 좋습니다. 늦어도 8시 30분 이전에는 취침이 이루어지는 것이 아이의 생체리듬을 안정적으로 유지하는 데 도움이 됩니다.

　밤잠은 하루 중 수면압력이 가장 높은 시간이며, 동시에 멜라토닌의 분비가 자연스럽게 증가하는 시기이기도 합니다. 이러한 생리적 조건은 아이가 스스로 잠들기 연습을 하기에 매우 유리한 환경을 제공합니다.

　일반적으로 스스로 잠들기 연습의 성공 가능성은 '밤잠'과 '첫 번째 낮잠'에서 가장 높은 편이므로 스스로 잠들기 연습 중이라면 밤잠 시간을 적극적으로 활용합니다. 낮에 잘 안 되었다고 해도 밤잠에서는 충분히 가능성을 기대할 수 있습니다. 단, 깨어 있는 시간이 너무 길어져 아이가 지나치게 피곤한 상태가 되면 오히려 잠들기 어려워질 수 있으니 깨어 있는 시간을 잘 조절해 주어야 합니다.

　취침 직전 엄마의 반응은 여전히 중요합니다. 이완을 도울 수 있도록 조명을 어둡게 유지하고, 목소리를 낮추며, 충분히 수면의식을 한 후 스스로 잠들기 연습을 시작합니다(스스로 잠들기 연습은 '5장

02. 스스로 잠들기 연습 방법의 종류' 참고).

19:20 | 통잠 시작

밤잠이 들면 본격적인 밤중 수면 시간이 시작됩니다. 이 시간은 아이가 가장 길게 자는 시간이자, 수면리듬을 이어가는 힘을 키워가는 데 가장 중요한 기회이기도 합니다.

24개월 이전 아이의 밤잠은 10~12시간이 권장됩니다. 하지만 이 긴 시간 동안 내내 깊은 잠을 자는 것은 아닙니다. 아이의 수면주기는 약 40~60분으로, 수면주기가 변할 때마다 얕은 잠 단계를 거치게 되는데 이때 몸을 뒤척이거나 소리를 내거나 우는 것은 매우 흔한 현상입니다.

이때마다 곧바로 개입하지 않고 잠시 기다리며 아이가 스스로 다시 잠을 이어갈 수 있도록 '기회 주기'를 합니다. 스스로 다시 잠들 수 있는 기회를 주는 것은 아이가 수면리듬을 이어가는 힘을 키우는 데 큰 도움이 됩니다.

또한 신생아(생후 1개월) 시기가 지났고 체중에 문제가 있는 경우가 아니라면, 낮 수유텀에 맞추기 위해 밤에 자는 아이를 깨워 수유를 할 필요는 없습니다. 즉, 낮에 3~4시간 간격으로 먹는다고 밤에도 3~4시간 간격으로 먹이기 위해 아이를 깨우지 않아도 된다는 의미입니다(수면주기는 '1장 02. 0~2세 수면의 발달 과정' 참고, 기회 주기는 '5장 03. 스스로 잠들기 연습 가이드' 참고)

20:00 | 밤중 깨어남 (초반 깸)

밤잠에 든 지 1~2시간 만에 아이가 깨는 경우를 '초반 깸'이라고 부릅니다. 스스로 잠들기 연습이 진행 중인 아이들에게 종종 나타나는 현상으로 다음과 같은 원인이 있을 수 있습니다.

> **예시** **초반 깸의 주요 원인**
> - 마지막 수유 때 졸다가 잠들었을 때
> - 뒤집기, 기기, 서기 같은 새로운 발달 단계에 있을 때
> - 하루 일과가 아이의 생체리듬에 잘 맞지 않을 때
> - 밤잠 전에 깨어 있는 시간이 너무 길거나 짧을 때
> - 마지막 낮잠이 너무 길었을 때
> - 낮잠이 줄어드는 변환기일 때

단, 이는 수면 교육 1~3단계가 안정적으로 마무리된 상태에서 4단계 스스로 잠들기 연습이 진행 중일 때를 전제로 합니다. 아직 3단계까지가 자리 잡지 않은 상태라면, 그 과정 자체가 초반 깸의 주요 원인이 될 수 있으므로 먼저 그 부분부터 점검이 필요합니다. 초반 깸이 발생했다면 다음과 같이 대응합니다.

- 아이의 스스로 잠들기 연습 정도에 따라 '기회 주기'를 조절해 적용합니다. 스스로 잠들기 연습 초기라면 짧고 가볍게, 어느 정도 익숙해졌다면 충분한 시간을 두고 기다려 아이가 스스로

다시 잠들 수 있도록 도와줍니다.
- 다음 날부터는 초반 깸의 근본적인 '원인'을 파악하고 개선해 줍니다. 아이의 하루 생활 리듬, 낮잠 길이, 수유 방식 등을 점검하여 밤잠이 보다 안정적으로 유지될 수 있도록 전체적인 흐름을 조정해 줍니다.

밤잠에 든 직후는 아이의 수면압력이 높고, 멜라토닌 분비도 활발한 시기입니다. 이러한 생리적 조건은 아이가 스스로 다시 잠들 수 있는 좋은 환경을 제공합니다. 또한 아이의 수면 구조상 밤의 초반에는 깊은 잠을 자게 됩니다. 따라서 스스로 잠들기 연습이 어느 정도 진행된 아이라면 초반 깸이 발생하더라도 다시 잠들 가능성이 높습니다.

따라서 초반 깸이 발생했을 때는 아이에게 다시 잠들 수 있는 기회를 주는 것이 중요합니다. 아이가 잠시 몸을 뒤척이거나 소리를 내더라도 바로 개입하지 않고, 스스로 다시 잠들 수 있도록 조금이라도 기다려 줍니다.

1:00 | 밤중 깨어남

새벽 시간에 아이가 깨어 우는 경우, 수유가 필요한 것인지 수면 연관에 의해 깬 것인지 그 이유를 먼저 구분하는 것이 중요합니다.

- 평소 밤중 수유를 하던 시간이라면, 수유를 그대로 진행합니

다. 단, 이때도 5분 정도는 천천히 반응하며 아이가 스스로 다시 잠들 수 있는 기회를 먼저 줍니다.
- 수면연관으로 인해 깬 것이라면, 스스로 잠들기 연습의 진행 정도에 따라 기회 주기를 병행합니다.
  - 연습 초기라면, 짧고 가볍게 기회 주기 후 수면연관을 사용해 진정을 도와줍니다.
  - 연습이 되어 있다면, 충분한 기회 주기를 시도해 아이가 스스로 다시 잠들 수 있도록 도와줄 수 있습니다.

특히 새벽 3시까지는 멜라토닌 분비가 여전히 활발하고, 수면 구조상 비교적 깊은 잠이 유지되는 시간이기 때문에 스스로 잠들기 연습이 어느 정도 진행된 아이라면 기회 주기만으로 다시 잠들 가능성이 높습니다. 따라서 이 시간대의 깸은 조급하게 개입하기보다는 아이가 스스로 잠들 수 있도록 기회를 주면 좋습니다.

4:00 | 밤중 깨어남(새벽 깸)

새벽 4시쯤에 아이가 깨어나는 경우도 비교적 흔하게 나타납니다. 이때도 수유가 필요한 것인지 수면연관 때문인지 먼저 구분하는 것이 중요합니다. 평소 밤중 수유를 하던 시간이라면 수유를 그대로 진행하고, 수유시간이 아니라면 스스로 잠들기 연습의 진행 정도에 따라 기회 주기를 병행합니다.

다만, 새벽 4시 이후는 수면 구조상 얕은 잠이 많아지는 구간이기 때문에 작은 자극에도 깨어나기 쉽습니다. 빛, 소음, 실내 온도(더위 또는 추위)처럼 수면 환경의 미세한 요인들이 원인이 될 수 있으므로, 반복적인 깸이 있다면 환경 점검을 우선적으로 해주어야 합니다.

간혹 이 시간에 반복해서 깨는 아이들은 하루 전체 리듬이나 낮잠 길이, 마지막 수유 시점 등 하루 흐름 전체를 재정비할 필요가 있는 경우도 있습니다. 새벽 깸이 반복된다면, 밤중 상황만이 아닌 하루 리듬 전체를 함께 살펴보아야 합니다.

5:00 | 밤중 깨어남(새벽 깸)

이 시간에도 먼저 아이가 왜 깼는지를 확인하는 것이 중요합니다. 수유가 필요한지 수면연관으로 인한 것인지 구분합니다.

새벽 5시는 수면 구조상 얕은 잠만 이어지는 구간입니다. 아이의 생체리듬이 아침을 준비하는 과정에 들어가기 때문입니다. 밤잠 후반으로 갈수록 깊은 잠에서 얕은 잠으로 옮겨가며, 아이의 몸은 서서히 각성 상태로 전환할 준비를 합니다. 이 때문에 5시 무렵에는 다시 깊은 잠에 빠지는 것이 상대적으로 어렵습니다.

- 밤중 수유가 필요하다면, 아침 7시 이후에 첫 수유가 예정되어 있으므로 이 시간 수유는 평소 수유량의 절반 정도만 주는 것이 좋습니다.
- 수면연관으로 인해 깼다면, 스스로 잠들기 연습의 진행 정도를

기준으로 하되 새벽 4시 이전 밤중 깨어남과는 다르게 아이의 반응을 더 세심하게 살피면서 기회 주기 정도를 조절합니다.

TIP 새벽 5시에 아이가 완전히 깼다면

우선 아이의 컨디션을 확인합니다. 아이가 밝은 표정으로 기분 좋게 깨어 있고, 첫 번째 낮잠 전까지 무리 없이 깨어 있을 수 있다면 이미 충분한 수면을 이미 취했을 가능성이 큽니다.

특히 낮잠을 충분히 자고 밤 7시에 잠들어 밤새 깨지 않고 잘 잤다면, 10시간 정도의 숙면으로 인해 5시 기상이 무리가 아닐 수 있습니다. 이 경우 억지로 다시 재우려 하지 말고, 아이의 리듬에 맞춰 하루를 활기차게 시작하는 것이 더 나은 선택일 수 있습니다.

반대로 5시 기상이 가정의 생활 리듬에 맞지 않거나, 아이가 깨어난 뒤 징징대고 칭얼거리며 피곤한 기색을 보인다면, 수면이 충분하지 않은 상태일 수 있습니다. 이런 경우에는 낮잠의 양을 줄이거나, 밤잠 시간을 30분 정도 늦추는 등의 방법으로 하루 리듬을 조정할 수 있습니다(반복되는 이른 기상에 대한 조정 방법은 '8장 02. 이른 기상 해결방법' 참고).

7:00 | 다시 기상!

— 3부 —

수면 습관 이어가기

8장

돌발 상황 대처방법

01
쪽쪽이 셔틀 해결방법

쪽쪽이는 많은 아이들이 좋아하는 안정 도구입니다. 특히 수면 초기에 아이를 진정시키는 데 유용한 도구이기도 합니다. 입에 무언가를 무는 행동은 아이에게 심리적인 안정을 주고, 잠드는 데도 큰 도움을 주기 때문입니다.

하지만 어느 순간부터 아이가 잠에서 깰 때마다 엄마가 쪽쪽이를 다시 물려줘야만 다시 잠드는 상황이 반복되기도 합니다. 이것을 '쪽쪽이 셔틀'이라고 표현합니다.

1. 쪽쪽이 셔틀의 교정이 필요한 상황

다음과 같은 상황일 때 쪽쪽이 사용 교정이 필요합니다.

- 아이가 잠드는 데 쪽쪽이가 꼭 필요하고, 빠지면 금방 깨서 우는 경우
- 밤잠: 밤중 수유 시간이 아님에도 자주 깨어 울며, 쪽쪽이를 다시 물기 전까지는 잠을 이어가지 못하는 경우
- 낮잠: 쪽쪽이 없이 낮잠을 길게 자는 것이 거의 불가능한 경우

이처럼 쪽쪽이에 대한 의존이 크면 아이는 얕은 잠에서 다음 수면주기로 넘어가는 데 방해를 받고, 엄마는 밤새 반복적으로 일어나야 하므로 아이와 엄마 모두 수면의 질이 떨어지고 피로가 누적됩니다.

2. 해결방법 2가지

해결하는 방법은 다음 2가지입니다.

- 쪽쪽이를 완전히 끊기(수면연관 끊기)
- 쪽쪽이를 스스로 사용할 수 있도록 도와주기(자율성 높이기)

각각의 방법을 알아보겠습니다.

쪽쪽이를 완전히 끊기

쪽쪽이를 수면연관으로 보고, 수면연관을 끊는 방식으로 '5장 스스로 잠들기 연습'을 참고합니다. 3~4개월 이전의 아이는 쪽쪽이

를 스스로 사용할 때까지 시간이 오래 걸리므로, 이 시기에는 쪽쪽이를 완전히 끊는 방법이 더 효과적입니다.

쪽쪽이를 스스로 사용할 수 있도록 도와주기

아이가 6~7개월 이상이 되면 소근육 발달이 충분히 이루어져 스스로 쪽쪽이를 사용하는 것이 가능해지기 때문에 쪽쪽이 셔틀을 해결하는 방법은 2가지가 있습니다.

첫 번째 방법을 사용해도 되고, 만약 엄마가 아직 쪽쪽이를 완전히 끊는 것이 부담스럽거나 낮 동안에는 사용하지 않고 밤에 졸릴 때만 사용한다면 두 번째 방법인 스스로 사용할 수 있도록 유도하면 됩니다.

3. 쪽쪽이를 스스로 사용하는 방법

엄마가 물려주는 쪽쪽이에서 '내가 사용할 수 있는 쪽쪽이'로 전환하는 과정으로, 단지 도구를 스스로 사용하게 하는 훈련이 아니라 아이에게 스스로 진정할 수 있다는 감각을 키워주는 연습이기도 합니다.

① 낮에 놀면서 스스로 사용하는 방법 연습하기

졸릴 때는 연습이 어렵습니다. 낮에 아이가 편안하고 여유 있을 때 쪽쪽이를 손에 쥐어주고 입에 넣는 동작을 보여줍니다. 그동안 엄마가 계속 쪽쪽이를 입에 물려주었다면 아이는 손으로 쥐어 스스로 사용할 수 있음에도 불구하고 '쪽쪽이는 엄마가 물려주는 것'이라고 생각할 수 있습니다. 그래서 쪽쪽이가 필요할 때마다 자연스럽게 엄마를 찾는 것입니다.

이제부터는 낮 동안 놀면서 쪽쪽이를 스스로 사용하는 것이라고 알려줍니다. 엄마가 직접 시범을 보이고, 아이의 손에 쥐어주며 혼자 시도할 수 있게 도와줍니다.

"쪽쪽이는 이렇게 손으로 들어서 입에 쏙~ 넣는 거야. 엄마가 먼저 해볼게. ○○도 해볼까?"

이때는 너무 서두르지 말고 놀이처럼 가볍게 여러 날 반복해주는 것이 중요합니다. 처음에는 잘 못하더라도 반복하면서 점점 더 능숙해집니다.

② 잠들 때는 입에 넣지 말고 손에 쥐어주기

낮 동안 깨어 있을 때는 쪽쪽이를 스스로 사용할 수 있더라도 졸릴 때는 스스로 사용하는 것이 쉽지 않습니다. 이런 과정도 연습이 필요합니다.

수면의식을 마치고 방에 들어갈 때는 쪽쪽이를 바로 입에 물려주기보다 손에 쥐어줍니다. 이때는 어느 정도 의식 있는 상태이기 때문에 아이가 스스로 입에 가져가려는 시도를 하게 됩니다. 이후 잠울음이 시작되고 스스로 진정하는 과정에서 쪽쪽이가 빠졌다면, 평소처럼 입에 넣어주는 것이 아니라 손에 쥐어줍니다. 이 과정에 익숙해지면 며칠 후에는 쪽쪽이를 손에 쥐어주는 대신 손 가까이에 두어 아이가 아주 짧은 거리라도 스스로 찾아서 무는 연습을 할 수 있도록 도와줍니다. 이게 바로 '엄마가 재워주는 잠'에서 '아이가 주도하는 잠'으로 넘어가는 첫 단계입니다.

③ 밤중에도 손에 쥐어주기

낮에 충분히 연습하고 잠들 때도 쪽쪽이를 스스로 사용하는 데 익숙해졌다면, 새벽에 깼을 때도 동일한 방법으로 진행하는 것이 중요합니다.

당분간 쪽쪽이 셔틀은 지속될 것입니다. 다만 그 방식은 달라져야 합니다. 이전에는 아이 입에 직접 쪽쪽이를 넣어주었다면, 이제는 손에 쥐어주거나 손 가까이에 두어 스스로 사용할 수 있도록 도와주는 방식으로 바뀌어야 합니다. 이때는 다음과 같이 합니다.

- 일단 기다려보고, 아이가 손으로 더듬으며 찾을 수 있는 시간을 주세요.
- 손에 쥐어주거나 가까이 놓아둡니다.

아이가 시도하고 있다는 것을 엄마는 믿고 기다려 줍니다.

④ 침대에 쪽쪽이를 여러 개 비치하기

아직은 밤에 눈을 감은 상태에서 정교하게 찾는 것이 어렵기 때문에 쪽쪽이를 여러 곳에 놓아두는 것이 도움이 됩니다. 이곳저곳에 놓아두면 손에 닿는 확률이 높아지고, 스스로 시도해서 찾아보면 자신감도 생깁니다.

쪽쪽이 셔틀을 끊는 것은 단순히 엄마의 수고를 줄이기 위한 일이 아닙니다. 아이가 자기 힘으로 진정하고, 잠드는 경험을 쌓아가는 아주 중요한 과정입니다.

시간이 좀 걸릴 수 있지만 그 시간 동안 아이는 자기 안의 힘을 키우고, 엄마는 점점 더 여유를 가지고 기다릴 수 있게 됩니다. 하루하루의 시도가 결국 아이와 엄마 모두에게 더 편안하고 단단한 밤을 만들어줄 것입니다.

02

이른 기상 해결방법

수면 교육을 잘 마친 아이들도 마지막까지 어려워하는 고민이 바로 '이른 기상'입니다. 밤잠도 잘 자고 스스로 잠드는 것도 안정됐지만, 아침 5시면 하루를 시작하려는 아이 때문에 엄마는 금세 지치고 맙니다.

하지만 이른 기상은 단순한 수면 습관이 아니라, 아이의 생체리듬이 자연의 흐름과 맞춰지기 시작했다는 신호일 수도 있습니다. 수면 교육을 통해 밤잠의 질이 높아지고, 아이의 고유한 리듬이 자리 잡으면, 아이는 해가 뜨면 일어나고 해가 지면 잠드는 자연의 시간에 더 민감해지기 시작합니다.

그래서 이른 기상은 아이 수면 교육에서 가장 해결하기 어려운 문제 중 하나입니다. 보통 2~3주 이상의 시간이 필요하고, 단기간의 집중적인 노력보다는 지속적인 환경 점검과 노력이 필요합니다. 지금부터 이른 기상을 해결하기 위한 방법을 알아보겠습니다.

1. '이른 기상'이란?

다음 2가지 조건을 모두 만족할 때 이른 기상이라고 부릅니다.

- 밤잠을 10시간 이상 채우지 못하고
- 오전 6시 이전에 기상하는 경우

아침 5시에 깼다고 무조건 이른 기상은 아닙니다. 밤 6시에 자서 아침 5시에 깼다면 이미 11시간을 자서 충분할 수 있습니다. 보통 교정이 필요한지는 '기상 직후 아이의 컨디션'으로 판단합니다.

활기차고 기분 좋게 깼다면 이미 충분히 잔 상태일 가능성이 높고, 보채고 계속 졸려 한다면 더 자야 하는데 깬 상태일 가능성이 높습니다.

2. 이른 기상 해결을 위한 8가지 전략

이른 기상 해결을 위해 먼저 ①~⑧까지 순서대로 점검하면서 적용해 보세요.

① 배고픔, 더위나 추위, 불편함 제거

아침 일찍 깨는 아이가 울면서 보채거나 짜증을 낸다면, '더 자고 싶은데 뭔가 불편해서 깨버린 상태'일 가능성이 있습니다. 이 경우 불편함 때문은 아닌지 꼼꼼히 살펴볼 필요가 있습니다.

- 배고픔: 밤중 수유를 끊은 직후라면 새벽 4~5시에 공복감이 생길 수 있습니다.
- 더위나 추위: 얕은 잠에서는 온도에도 민감하게 반응하여 깰 수 있습니다. 방 온도(권장 22~24도)와 이불, 수면조끼 등을 점검합니다.
- 기저귀: 기저귀가 새거나 너무 꽉 차 불편할 수 있습니다. 자기 전 기저귀를 꼭 확인하고, 흡수력이 좋은 밤기저귀로 교체합니다.

② 빛과 소음 제거

아침에 해가 뜨면 깨어나는 것은 자연계의 본능입니다. 특히 수면 교육이 잘 이루어진 아이는 밤새 깨지 않고 충분히 통잠을 잔 상태이고, 새벽 4시 이후부터 아침을 준비하기 위해 얕은 잠 단계로 접어듭니다. 따라서 이때는 외부의 빛이나 소리를 느낄 수 있습니다.

- 빛 차단: 하절기에 특히 중요합니다. 5시 전후로 해가 뜨는 여름에는 암막 커튼 없이 아침잠을 지속하기 어렵습니다. 암막 커튼으로 외부 빛을 완전히 차단해 줍니다. 아이가 눈을 떠도

'아직 밤이다'라는 느낌을 주는 환경이 필요합니다.
- 소음 제거: 생활소음이 아이의 아침잠을 깨울 수 있습니다. 특히 가족 중 누군가 이른 시간에 준비하며 나는 문 여닫는 소리, 세면대 물소리, 키보드 소리 등은 아이를 쉽게 깨웁니다. 이런 경우 백색소음기를 활용해 아이 주변을 일정한 소리로 덮어주는 것도 좋은 방법입니다. 백색소음은 외부 소음을 가려주고, 아이가 안정적으로 잠을 이어갈 수 있게 도와줍니다.

③ 낮잠 과도한 피로 예방하기

이른 기상이 있을 때, 밤잠만 보지 말고 낮잠 상태를 함께 점검합니다. 아이가 낮 동안 너무 오래 깨어 있었거나 자극이 많았다면 밤잠이 얕아지고, 아침잠의 길이도 줄어들 수 있습니다.

- 개월 수에 맞는 깨어 있는 시간을 지켜줍니다.
- 외출이나 활동량이 많았던 날은 더 빨리 피로가 쌓일 수 있습니다.

피로 누적은 이른 기상의 주요 원인 중 하나입니다. 밤에 잘 자는 듯 보여도 실제로는 깊은 잠을 충분히 못 자고 있을 수 있으니, 낮잠의 질도 함께 점검합니다.

④ 개월 수별 총낮잠 시간 넘지 않기

앞서 1부에서 설명한 대로 밤잠에 영향을 줄 수 있는 낮잠의 최대 시간은 개월 수에 따라 다릅니다. 수면 요구량이 적은 아이의 경우, 낮잠을 최대치로 자면 밤잠의 필요가 적어질 수 있습니다. 만약 아이가 그 최대 시간을 넘겨서 자고 있다면 전체적으로 낮잠 시간을 줄여봅니다.

⑤ 첫 번째 낮잠 들어가는 시간 늦추기

아이의 잠은 서로 맞물려 있어서 직전의 잠이 다음 잠에 영향을 줍니다. 첫 번째 낮잠(낮잠 1)은 밤잠과 가장 가까이 있기 때문에 밤잠이 부족한 경우 낮잠 1에서 보충하게 됩니다. 그래서 이른 기상 후 낮잠 1에 빨리 들어가면 아이의 전체 밤잠 길이는 더 짧아질 수 있습니다.

밤잠을 낮잠 1로 보충하지 않도록 해야 밤잠이 길어질 수 있습니다. 따라서 아이가 너무 일찍 낮잠 1에 들지 않도록 개월 수별 깨어 있는 시간만큼은 깨어 있도록 도와줍니다.

⑥ 낮잠 1 시간 제한하기

낮잠 1에 들어가는 시간을 늦추는 것으로 충분하지 않다면 낮잠 1의 수면 시간을 제한합니다. 개월 수별로 다르지만 3개월 이상이라면 1시간을 넘지 않는 게 좋습니다.

⑦ 취침 시간 조정하기

취침 시간이 너무 빠르면 일찍 깨는 경우가 많습니다. 예를 들어 저녁 6시 30분에 잠들고 새벽 5시에 깬다면 10시간은 잔 셈입니다. 아직 해가 뜨기 전이고 아이가 활기차게 깬다면 아이의 생체리듬이 너무 앞당겨진 상태일 수 있습니다.

이런 경우에는 잠드는 시간을 매일 15~30분씩 늦춰봅니다. 취침 시간을 늦췄을 때 기상 시간도 함께 늦춰진다면 취침 시간을 늦추는 것도 좋습니다. 단, 모든 아이에게 동일한 기준이 적용되는 것은 아니므로 3~5일 정도 시도해보고 아이의 반응을 기록하며 조율합니다.

⑧ 아침에 천천히 반응하기

아이가 5시에 아침에 깼다고 해서 바로 데리고 나와 빛을 쬐게 하고 하루를 시작하면, 그 시간을 아침으로 인식하게 됩니다. 이른 기상을 바로 '기상'으로 연결하지 않고, 다시 잠들 수 있도록 조용히 기다려주는 시간도 필요합니다.

- 아이가 울지 않고 혼자 놀고 있다면 기다려도 되고, 아침 6시가 넘었다면 하루를 시작해도 됩니다. 앞서 말한 대로 6시는 자연계가 아침을 시작하는 시간이기 때문에 엄마가 원하는 7시나 8시까지 무조건 기다리는 것은 무리입니다.
- 아이가 다시 잠드는 경우가 생기면 생체리듬이 다시 조정되고 있다는 신호입니다.

이런 연습은 스스로 잠들기가 가능한 아이에게만 가능한 방식입니다. 아직 스스로 잠들기 연습을 하지 않았다면, 이것보다 '스스로 잠들기 연습'을 먼저 시작해야 합니다.

정리하면, 이른 기상은 아이가 잠을 못 자서가 아니라, 잠을 잘 자게 되면서 나타나는 변화일 수도 있습니다. 수면리듬이 자리를 잡은 아이가 자연의 흐름을 따라가기 시작한 것이니까요.

하지만 가족의 생활 흐름과 맞지 않으면 그 리듬을 조율할 필요도 있습니다. 그럴 땐 앞의 8가지 방법을 하나씩 점검하며 차근차근 해보세요. 급하게 뭔가를 바꾸기보다 아이의 신호를 읽고, 엄마의 생활과 아이의 리듬을 천천히 조정해가는 그 과정 자체가 엄마와 아이가 함께 만들어가는 가족의 수면 교육입니다.

03

뒤집기 지옥 대처방법

아이의 성장과 발달은 수면에 큰 영향을 줍니다. 특히 특정 기술을 익히는 발달 시기에는 그 동작을 밤낮없이 반복하며 익히려 하기 때문에 수면이 흔들리기도 합니다. 수면에 영향을 주는 대표적인 발달 단계는 '뒤집기, 서기, 네발 기기' 시기입니다. 이처럼 새로운 신체 기술을 익히는 과정에서 수면이 일시적으로 불안정해지는 현상을 '수면 퇴행'이라고 부릅니다.

그중에서도 '뒤집기'는 아이가 처음 겪는 수면 퇴행의 시기로, 많은 엄마들이 이 시기를 '뒤집기 지옥'이라고 부를 만큼 밤마다 뒤집고, 울고, 다시 재우는 일이 반복됩니다. 보통 3~6개월 사이에 시작되고 일주일 안에 끝나는 경우도 있지만, 한 달 이상 이어지는 경우도 있습니다.

이 시기가 얼마나 길어질지는 아이가 아닌 엄마의 대처 방식에 따라 달라질 수 있습니다. 아이의 발달 과정을 이해하고 몇 가지 핵심 원칙을 지키는 것이 이 시기를 빠르게 통과하는 가장 좋은 방법입니다.

1. 뒤집기 지옥이 생기는 이유

잘 자던 아이가 갑자기 자꾸 뒤집고, 그 상태에서 울기 시작하는 이유는 무엇일까요? 아이가 뒤집는 것은 가능하지만, 그 이후를 잘 모르기 때문입니다. 엎드린 자세에서 어떻게 쉬어야 할지 또 어떻게 몸을 되돌려야 할지 몰라 답답하고 힘든 것입니다. 하지만 아이가 엎드린 자세에서 쉬는 법을 익히게 되면, 이 시기는 자연스럽게 지나가게 됩니다.

2. 뒤집기 지옥을 끝내는 3가지 기술

이 시기를 넘어서기 위해 필요한 기술은 총 3가지입니다. 이 중 2가지만 가능해져도 뒤집기 지옥은 거의 끝났다고 볼 수 있습니다.

① 팔꿈치를 바닥에 대고 노는 법

아기가 얼굴을 들고 팔로 상체를 지지한 채 놀이에 집중할 수 있는 상태를 말합니다. 스스로 몸을 지지할 수 있기 때문에 시야가 넓어지고 손도 자유로워져 탐색 활동이 활발해집니다. 이 자세를 잘 유지할 수 있게 되면, 엎드린 상태에서 얼굴이 바닥에 파묻힐 위험이 줄어들어 질식 가능성도 크게 낮아집니다.

터미타임을 꾸준히 해온 아이들은 이 자세에 익숙한 경우가 많고, 팔꿈치를 짚은 상태에서 고개를 들고 주변을 살피며 놀이하는 시간이 점차 늘어납니다.

팔꿈치를 바닥에 대고 노는 자세

② **뺨을 바닥에 대고 쉬는 법**

엎드린 자세로 놀다가 아이가 지치거나 목에 힘이 빠졌을 때 스스로 고개를 옆으로 돌려 한쪽 뺨을 바닥에 대고 쉬는 능력은 매우 중요합니다. 이 동작은 엎드린 상태에서도 스스로 휴식을 취하며 체력을 조절할 수 있게 해주는 기본 기술입니다.

처음에는 고개를 어떻게 돌려야 할지 몰라 울음을 터뜨릴 수 있지만, 반복적인 터미타임과 엎드린 상태의 놀이를 통해 점차 익숙해집니다. 이 방법에 익숙해지면 아이는 놀이 중에도 스스로 고개를 돌려 잠시 쉬었다가 다시 움직일 수 있게 되고, 잠든 상태에서 뒤집었을 때에도 불편함을 덜 느끼게 됩니다.

뺨을 바닥에 대고 쉬는 자세

③ 다시 되집는 법

뒤집기 지옥이 끝나는 마지막 기술은 아이가 스스로 몸을 돌려 다시 등을 바닥에 대는 되집기 동작입니다. 이 자세를 익히면, 뒤집거나 불편한 자세에서도 울지 않고 스스로 자세를 조절할 수 있게 됩니다. 되집기가 가능해진 이후부터는 밤에 어떤 자세를 취하더라도, 침대 환경만 안전하다면 비교적 안심할 수 있습니다.

3. 뒤집기 지옥을 해결하는 4단계 실천법

STEP 1. 안전한 수면 환경 만들기

뒤집기를 시작한 아이는 자다가도 엎드릴 수 있기 때문에 침대 환경이 안전한지 확인하는 것이 가장 중요합니다.

- 침대 위는 장난감, 베개, 담요 등 모든 물건을 치워 완전히 비웁니다.
- 매트리스는 단단한 것을 사용하고, 이불은 잘 고정하여 아이가 움직일 때 이불이 함께 움직이지 않도록 합니다.
- 속싸개, 스와들, 좁쌀베개, 옆잠베개 등 아이의 움직임을 제한

하는 모든 육아 용품은 사용을 중단합니다.
- 되집기 연습이 가능하도록 침대가 넓으면 좋고, 침대 가드는 항상 올려놓아 낙상을 예방합니다.

STEP 2. 낮 동안 충분한 연습 기회 주기

아이가 낮 동안 3가지 기술을 충분히 익힐 수 있도록 연습 기회를 줍니다. 하지만 이 기술은 누군가에게 배워야 하는 기술이 아니라, 아이가 원래 가지고 있는 능력이기 때문에 자기 몸을 이리저리 움직여 보면서 터득해가야 합니다. 따라서 아이가 자유롭게 몸을 움직이며 스스로 익혀갈 수 있도록 기회를 충분히 주는 것이 핵심입니다. 다음과 같은 과정을 통해 아이는 자신의 몸을 이해하고, 스스로 쉬는 법을 배웁니다.

- 평평한 바닥에서 자유롭게 뒤집고 놀 수 있게 해줍니다.
- 아이가 엎드리면 엄마도 함께 엎드려 눈을 맞추며 놀아줍니다.
- 중간에 힘들어하고 울 때, 바로 도와주기보다 스스로 쉴 수 있는 방법을 익히도록 조금이라도 천천히 반응합니다.
- 너무 지쳐 보이면 안아서 진정시킨 뒤, 다시 바닥에 눕혀 시도하고 연습할 수 있게 합니다.
- 낮 동안 연습을 많이 하면 밤에 뒤집는 빈도가 줄어듭니다.

STEP 3. 자는 도중 뒤집었을 때 안전하다면 천천히 반응하기

아이가 잠든 상태에서 뒤집는 것은 얕은 잠 단계에서 일어납니다. 얕은 잠은 매우 깨기 쉬운 상태이고, 작은 자극에도 쉽게 깨기 때문에 너무 빠르게 되집어주면 오히려 완전히 깰 수 있습니다.

- 바로 달려가 되집어주지 않고 캠으로 아이의 안전을 확인하며 천천히 반응하면서 아이가 <u>스스로</u> 다시 자세를 조절할 수 있는 시간을 줍니다.
- 단, 아이가 얼굴을 바닥에 묻고 숨쉬기 어려워하는 경우라면 즉각 도와주어야 합니다.

STEP 4. 엎드려 자는 경우

아이가 한쪽 뺨을 대고 편안하게 자고 있다면, 엎드려 자는 자세 자체는 큰 문제가 되지 않습니다. 단, 이 모든 상황에서 가장 중요한 건 STEP 1의 안전한 침대 환경입니다.

- 뒤집기와 되집기가 모두 가능하다면 → 그대로 두어도 됩니다.
- 되집기는 아직 어렵지만 잘 자고 있다면 → 잠든 후 살짝 되집어 줍니다. 1~2일 정도 반복해서 엎드려 잔다면 다시 되집어 주지 않아도 됩니다.

뒤집기 지옥은 엄마가 처음 겪는 수면 퇴행 시기입니다. 하지만 이 시기는 단순히 잠을 못 자는 힘든 시간이 아니라, 엄마와 아이가 함께 성장하는 시간입니다. 아이는 몸으로 세상을 넓혀가고, 엄마는 기다림과 신뢰를 배우게 됩니다. 아이가 몸을 뒤집고 울며 애쓰는 모습을 볼 때 안쓰럽고 몸도 힘들지만, 그것이 한 단계 성장을 위한 도전임을 이해하고 바라보는 것이 중요합니다. 이 시기를 잘 지나면, 서기와 걷기 등 앞으로 이어질 성장의 순간들도 훨씬 더 편안하게 맞이할 수 있습니다.

04
서기 지옥 대처방법

'뒤집기 지옥'을 간신히 넘긴 엄마에게 또 다른 밤잠 도전이 찾아옵니다. 바로 '서기 지옥'입니다. 오뚝이처럼 눕히면 서고, 눕히면 서기를 무한 반복해서 입면 시간이 1~2시간씩 걸리기도 합니다.

1. 서기 지옥이 나타나는 이유

아이의 성장 발달은 늘 새로운 감각과 기술을 동반합니다. '서기'는 아이에게 단순한 자세 변화가 아니라, 세상을 보는 높이와 감각이 완전히 바뀌는 경험입니다.

'어? 내가 진짜 서 있네?'

이 감각은 아이에게 크나큰 성취감과 호기심을 안겨줍니다. 그래서 아이는 이 기술을 '내 것'으로 만들 때까지 무한 반복합니다.

아이는 자꾸 일어서고, 엄마가 눕혀주면 다시 일어나기를 반복하는 '서기 지옥'의 밤이 시작되는 것입니다. 하지만 서고 앉기가 아직 미숙하기 때문에 서 있다가도 어떻게 내려가야 할지 몰라 혼란을 느낄 수 있습니다.

이 시기 역시 누구나 겪는 자연스러운 성장의 과정입니다. 이때 중요한 건 아이의 욕구를 억누르기보다 안전한 환경에서 충분히 시도할 수 있는 기회를 주는 것입니다.

2. 서기 지옥, 어떻게 대응할까요?

① 안전한 수면 환경 확인하기

서기 지옥을 겪는 시기에 아이들은 침대에서 일어서는 것을 반복하기 때문에 안전이 최우선입니다.

- 침대 가드는 최소 60cm 이상 높이로 설치합니다. 아이 키를 기준으로 겨드랑이 이상 높이가 되어야 안전합니다.
- 날카로운 물건이나 넘어질 수 있는 가구는 침대 주변에서 치웁니다.
- 아이가 균형을 잃고 쓰러질 수 있으니, 바닥에는 쿠션 매트나 충격이 흡수되는 용품을 깔아줍니다. 그리고 잠든 후에는 제거합니다.
- 범퍼 침대의 경우 구조가 약해 아이가 서서 밀거나 흔들 때 흔

들리거나 벽이 넘어질 수 있어 주의가 필요합니다.

② 낮 동안 '서기'와 '앉기' 연습 충분히 하기

서기 지옥이 생기는 가장 큰 이유는 서는 건 익혔는데, 다시 앉거나 눕는 법은 아직 익히지 못했기 때문입니다. 낮 동안 아이가 자유롭게 일어서고, 앉고, 다시 눕는 연습을 충분히 할 수 있게 해줍니다.

- 장난감을 활용해 일어서고 앉도록 유도하기
- 다양한 자세로 몸을 움직이는 놀이 반복하기
- 낮 동안 '서고 싶은 욕구'를 해소해주는 시간이 많을수록 밤에는 반복되는 행동이 줄어듭니다.

③ 잠자리 루틴을 일관되게 유지하기

이 시기의 아이는 자기 전에 각성이 잘 됩니다. '일어서볼까?', '또 해볼까?' 하며 자꾸 몸을 움직이고 싶은 욕구가 생깁니다. 이럴수록 중요한 것은 익숙하고 편안한 수면 루틴입니다. 매일 같은 방식으로 '이제 자야 하는 시간이야'라는 신호를 주면, 아이도 점차 안정을 찾을 수 있습니다.

- 낮은 조명, 차분한 목소리, 익숙한 스킨십을 통해 각성을 점차 낮춰줍니다.

- 자극적인 활동은 피하고, 같은 순서의 수면의식을 지킵니다.

④ 바로 눕히기보다는 스스로 눕도록 기회 주기

이 시기에 엄마들이 자주 하는 행동 중 하나가 자꾸 일어서는 아이를 계속 눕히는 것입니다. 그런데 아이는 이 과정을 '놀이'로 받아들일 수 있어서, 오히려 더 흥분하고 자주 일어나는 악순환이 생기기도 합니다. 이때는 다음과 같이 시도해 봅니다.

- "잘 시간이야~. 엄마는 문 앞에 있을게"라고 부드럽게 알려줍니다.
- 가능하면 모니터를 통해 아이가 스스로 눕도록 지켜보세요.
- 서서 놀다가 혼자 꾸벅꾸벅 조는 경우도 있지만 울지 않는다면 개입하지 말고 기다립니다.
- 울 때는 바로 다시 눕혀주기보다 안전을 점검하며 최대한 천천히 반응합니다.

⑤ 아이에게 안정감 주기

서기 지옥은 결국 지나가는 발달 단계 중 하나입니다. 지금은 잠드는 데 1시간 넘게 걸리더라도 아이가 서고 앉고 눕는 방법을 몸에 익히고 나면 어느 순간 다시 평온한 밤이 돌아옵니다. 그 시기는 아이마다 다르지만 엄마가 "도대체 언제 자니…" 하며 조급해할수록 아이는 더 불안하고 예민해집니다. 이때는 이렇게 말해주세요.

"괜찮아. 엄마는 네가 지금 서기 단계를 넘어가기 위해 최선을 다하고 있다는 거 알아. 천천히, 네 속도대로 연습해도 돼."

이 한마디가 아이에게 그리고 엄마에게 큰 안정감을 줍니다.

서기 지옥은 밤잠의 위기가 아니라 성장의 신호입니다. 지금 아이는 새로운 세계를 탐색하느라 밤에도 쉬지 않고 연습하고 있는 것입니다. 이 시기를 잘 넘기면 아이는 자신감 있게 세상을 탐색할 수 있게 되고, 엄마는 다시 평온한 일상으로 돌아가게 됩니다.

05

아플 때 수면 교육

수면 교육을 하다 보면 한 번쯤 마주하게 되는 상황이 바로 아이가 아플 때입니다. 열이 나고, 기침을 하고, 콧물이 흐르며 힘들어하는 아이를 보면 '지금은 수면 교육보다 돌봄이 먼저 아닐까?' 하는 생각이 듭니다.

맞습니다! 아플 때는 수면 습관보다 아이의 컨디션이 최우선입니다. 아이에게 지금 필요한 건 규칙보다 회복이고, 새로운 연습보다 안정적인 돌봄이 중요합니다.

아이가 아플 때 어떻게 수면을 도와줄 수 있는지, 그리고 회복 후 다시 원래의 수면 루틴으로 자연스럽게 돌아가기 위해 어떻게 접근하면 좋은지 알아보겠습니다.

1. 아플 때 수면 교육 방법

아이가 아플 때는 평소 스스로 잘 자던 아이도 스스로 잠드는 게 어려울 수 있습니다. 이때는 안아주거나, 옆에서 재워줘도 괜찮습니다. '수면 교육이 무너진다'는 생각에 불안해하지 말고 아이의 회복에 집중합니다.

- 열이 나거나 통증이 심하면, 스스로 잠드는 건 어려울 수 있습니다.
- 아이가 아플 때 안아서 재우거나 옆에서 토닥여주는 것은 '지금 이 상황'에 맞는 대처일 뿐, 수면 교육의 실패가 아닙니다.
- 아이에게 아플 때 꼭 전달해야 할 메시지는 '아플 때는 엄마가 항상 옆에 돌봐준다'는 것입니다.

수면 습관은 아이의 상태에 따라 결정하세요.

열이 난다고 해서 모든 수면 습관을 미리 포기할 필요는 없어요. 미열이 있거나 예방접종 직후라도 컨디션이 괜찮다면, 기존 루틴을 유지하는 것이 오히려 좋습니다.

- 아이가 별다른 불편감을 표현하지 않고, 잘 놀고 잘 먹는다면 기존의 하루 일과와 스스로 잠들기 방법을 유지합니다.
- 미리 걱정해서 수면 습관을 서둘러 양보할 필요는 없어요. 아이가 괜찮은데 먼저 도와주면 오히려 혼란을 느낄 수 있습니다.

아플 때 수면을 도와주는 현명한 방법

아이가 힘들어할 때 도와주되, 회복 후 수면리듬을 빠르게 되찾기 위해 기억해야 할 3가지 중요한 요소가 있습니다.

- 무조건 안아서 재우기보다 옆에서 토닥이며 진정하는 것이 가능하다면 눕혀서 재워줍니다.
  → 엄마의 도움이 클수록 회복 후 스스로 잠드는 게 어려워질 수 있어요.
- 같이 자야 한다면, 아이 침대에서 함께 자는 걸 우선으로 합니다.
  → 아이를 엄마 침대로 데려오는 것보다 변화가 적어서 다시 루틴으로 돌아가기가 쉽습니다.
- 익숙한 수면 루틴은 그대로 유지해 줍니다.
  → 평소 입던 잠옷, 읽던 책, 사용하던 수면의식을 유지하면 아이는 익숙함 속에서 안정감을 느낄 수 있습니다.

2. 회복 후, 다시 일상으로 돌아오기

아이 입장에서는 '엄마와 같이 자는 게 더 좋다'고 느끼는 게 당연합니다. 특히 수면 교육을 마친 지 얼마 되지 않은 아이라면, 아팠던 며칠 동안 익숙해진 상태를 계속 이어가고 싶어할 수 있습니다. 이때는 아이의 마음을 인정해주는 게 먼저예요.

"○○가 엄마가 안아서 재워주니까 좋았구나. 엄마도 너무 좋았어. 그런데 이제 우리 ○○가 건강해졌잖아? 아플 땐 엄마가 안아서 재워줄 수 있지만 이제 다 나았으니까 원래대로 스스로 자보는 거야. 그게 더 푹 자는 방법이거든. 도움이 필요하면 엄마가 도와줄 거야. 하지만 먼저 스스로 자보자."

아이의 감정을 충분히 공감해주되, 행동의 경계는 분명하게 그어줍니다. 다시 원래 리듬으로 돌아가는 건 아이를 위해서도 꼭 필요한 일입니다.

수면 습관, 원래대로 돌아갈 수 있어요.
"지금 이렇게 도와주면 다시 혼자 자는 게 안 될까 봐 걱정돼요."
많은 엄마들이 걱정하지만, 아이는 다시 익숙한 리듬으로 돌아갈 수 있습니다. 오히려 이번 경험을 통해 더 단단해질 수 있습니다.
'아플 땐 엄마가 도와주고, 건강해지면 다시 스스로 자는 거구나!'
이 과정을 통해 아이는 스스로 자는 게 기본이라는 감각을 더 확고히 인식하게 됩니다. 특히 스스로 잠들었던 경험이 많을수록 기존 패턴을 되찾는 속도도 훨씬 빨라집니다.

정리하면, 아이가 아플 때는 수면 교육을 잠시 멈춰도 괜찮습니다. 이건 '후퇴'가 아니라, 회복을 위한 잠깐의 '쉼표'입니다. 이 시간 동안 아이는 '아플 땐 엄마가 나와 함께하며 도와준다'는 안정감을 느끼게 되고, 회복한 후에는 다시 자기 자리로 돌아갈 수 있습니다.
중요한 건 규칙을 지키는 것보다 엄마의 따뜻하지만 일관된 태도와 반응입니다. 그게 아이를 더 편안하게 만들고, 수면리듬 회복의 가장 큰 힘이 되어줄 것입니다. '잠은 원래 스스로 자는 거야'라는 감각을 아이는 쉽게 잊지 않습니다. 잠깐의 흔들림이 있겠지만 우리는 다시 자기 자리로 돌아올 수 있어요!

06

해외여행 시 수면 교육

아이와 함께하는 해외여행은 설레기도 하지만, 아이의 수면리듬이 걱정되기도 합니다.

'낮잠은 언제 어떻게 재워야 할까?'

'지금 자면 밤잠이 무너지는 거 아닐까?'

'여행 끝나고 한국에 돌아오면 다시 잘 잘 수 있을까?'

특히 시차가 큰 지역으로 간다면 더 복잡하게 느껴질 수 있습니다. 하지만 걱정하지 않아도 됩니다. 몇 가지 원칙만 기억하면 아이의 수면도, 가족 여행도 더 여유롭고 즐겁게 이어갈 수 있습니다.

1. 현지에서 시차 적응하기

① 처음에는 한국 시간 기준으로 시작합니다.

여행을 시작한 초기 아이의 몸은 당연히 한국 시간 리듬에 익숙해져 있어서 처음 며칠은 한국 시간에 맞춰 졸리거나 깨고, 배고파합니다.

처음부터 조급하게 현지 시간에 맞추려고 하면 통제하고 싶어지고 여행이 아이의 수면리듬 잡는 것에 함몰되고 맙니다. 아이가 보내는 신호를 관찰하면서, 조금씩 현지 시간에 맞추는 방향으로 진행하세요.

② 시차 적응의 핵심은 '빛'

낮과 밤의 기준을 몸에 알려주는 건 빛이고, 아이의 수면-각성 리듬(생체시계)은 이 빛에 가장 크게 반응합니다.

- 낮에는 충분한 햇빛을 받게 합니다.
  → 산책, 밝은 환경에서 놀기
- 저녁이 되면 조도를 낮추고, 조용한 활동으로 전환합니다.
  → 책 읽기, 나른한 음악 듣기, 어두운 조명으로 편안한 분위기 만들기

'낮에는 환하게, 밤에는 어둡게' 이 원칙만 지켜도 현지 시간에 훨씬 수월하게 적응하게 됩니다. 미국처럼 시차가 정반대에 가까

운 경우에는 밤과 낮이 바뀔 수 있습니다. 이때는 낮잠을 환하게 재우고, 밤잠은 어둡게 재웁니다.

③ 낮잠으로 저녁 리듬 맞추기

여행 초기에는 한국 시간 기준으로 저녁이 되면 아이가 졸리기 시작합니다. 그런데 현지에선 아직 한낮이라면? 밝은 곳에서 낮잠을 짧게 재웁니다. 아이를 지나치게 피곤하지 않게 하면서도 밤잠까지 버틸 수 있게 도와줍니다. 이렇게 낮잠으로 리듬을 조율하면, 점점 밤잠이 현지 시간에 맞춰집니다.

④ 이른 기상을 자연스럽게 받아들이기

아직 한국 시간 리듬이 남아 있기 때문에 아이가 새벽같이 일어날 수 있습니다. 이때는 억지로 다시 재우기보다, 다음과 같이 조용한 활동과 낮은 조명으로 천천히 하루를 시작해 줍니다.

- 너무 밝지 않은 불을 켜고
- 그림책을 읽거나 조용한 음악을 들으며
- 침대에서 천천히 시간 보내기

⑤ 시차 적응 기간을 받아들이기

아이에 따라 시차 적응에 3~7일 이상 걸릴 수 있고, 여행의 기간과 시차 정도에 따라 회복 속도가 달라집니다. 너무 빠르게 바꾸려고 하지 말고, 시서히 아이의 컨디션과 신호를 보면서 조율해나가는 게 가장 좋습니다.

2. 한국으로 돌아온 후 재적응 과정

여행에서 돌아오면 다시 한국 시간으로 리듬을 조정해야 합니다. 현지 시차에 적응한 방법을 한국에서 똑같이 적용하면 됩니다.

- 밤에는 어둡고 조용한 환경
- 낮에는 밝고 활동적인 시간 보내기
- 너무 늦게까지 자거나, 한밤중에 깨는 경우에는 낮잠을 밝은 환경에서 재우는 방법으로 생체시계를 다시 조정해 줍니다.

시차가 커서 밤낮이 뒤바뀌었다면 밤과 낮 구분이 안정될 때까지 당분간 낮잠을 밝게 재웁니다. 리듬은 결국 돌아옵니다. 조급해하지 말고, 하루하루 아이의 흐름을 맞춰 가면 됩니다.

해외여행은 낯선 환경이지만, 그 안에서도 엄마의 안정된 반응과 일관된 루틴은 아이 스스로 리듬을 다시 맞춰갈 수 있는 힘을 길러줍니다. 여행 중 가장 중요한 건 아이와 엄마 모두 즐겁고 편안한 시간을 보내는 것입니다. 조금 흔들려도 괜찮아요. 리듬은 다시 찾아오고 추억은 오래 남습니다. 행복한 여행 되시길 바랍니다!

부모가 흔들릴 때
필요한 마음 가이드

9장은 수면 교육 과정에서 엄마의 감정과 마음을 보다 전문적으로 다루기 위해 명상 코치 이서은 님(인스타그램 @dsr_seoul)과 함께 집필하였습니다.

01
수면 교육이 힘겨울 때 기억해야 할 것들

 수면 교육은 단순히 아이를 스스로 잠들게 만드는 훈련이 아닙니다. 아이와 함께 살아가는 방식, 서로의 리듬을 알아가는 첫걸음입니다. 그래서 그 시작은 엄마와 아빠의 마음을 다독이는 데서 출발해야 합니다.

 '내가 잘하고 있는 걸까?'

 '기다려줘야 한다는데, 나는 왜 이렇게 조급할까?'

 수면 교육을 하다 보면 이런 생각이 매일 들고 자주 흔들립니다. 아이는 말 대신 울음으로 표현하고, 하루에도 수십 번 리듬이 달라집니다. 엄마는 이 모든 변화 앞에서 당황하고, 흔들릴 수 있어요. 하지만 그럴수록 완벽하게 해내려고 애쓰기보다는 자신을 믿고,

아이를 향한 믿음을 키워가는 것이 중요합니다.

'나는 지금도 충분히 잘하고 있어.'

'우리 아이는 어떤 모습이든 괜찮아.'

이런 마음으로 시작하면 수면 교육은 더 이상 버거운 숙제가 아니라, 서로를 이해하고 성장하는 따뜻한 여정이 될 수 있습니다. 다음 소개할 10가지 방법이 이 여정에 있는 엄마들에게 따뜻한 등불이 되기를 바랍니다.

1. 지금 잘하고 있는 걸까 싶을 때: 과정 자체를 바라보세요.

수면 교육을 하다 보면 결과가 자꾸 눈에 밟힙니다.

"오늘은 몇 분 만에 잠들었지?"

"기상 시간은 잘 맞췄나?"

"낮잠은 몇 시간 잤지?"

이런 질문들이 하루를 꽉 채우게 되면 우리는 어느새 하루를 '성공'과 '실패'로 나누기 시작합니다. 계획한 대로 흘렀는지, 내가 잘한 건지 아닌지를 끊임없이 따지게 됩니다. 이때는 잠시 생각을 멈추고 자신에게 물어봅니다.

'나는 왜 수면 교육을 시작했을까?'

우리는 '아이와 행복하게 살고 싶다'는 마음으로 수면 교육을 준비합니다. 수면 교육은 아이가 빨리 잠들게 하고 그 과정을 평가하는 훈련이 아닙니다. 아이가 스스로 잠드는 힘을 키워가는 '과정'이고, 그 과정을 옆에서 지켜보며 필요한 만큼 지지해주는 '엄마의 태도'를 연습하는 시간입니다.

　오늘 수유나 낮잠 타이밍을 놓칠 수 있고, 기다려줘야 할 순간에 조급해서 바로 안아버렸을 수 있으며, 낮잠이 너무 짧아 하루가 꼬였을 수도 있습니다. 이때는 '내가 실패했구나'라고 단정 짓기보다 '오늘은 이렇게 흘렀구나. 나는 이런 선택을 했구나. 그 안에서 나는 아이가 힘들까 봐 염려하고 있구나' 하고 자신을 조용히 바라보세요.

　우리는 자꾸만 기준을 세우고 싶어집니다. '낮잠은 꼭 1시간 이상 자야 해', '울지 않고 바로 잠들어야 해', '일과표는 꼭 지켜져야 해' 이런 기준들이 때로는 도움이 되지만, 그것이 '목표'가 되어버리면 아이를 관찰하기보다 통제하게 됩니다. 그리고 하루가 행복하지 않고 조급함으로 채워집니다.

　중요한 것은 오늘 아이가 잠들었는지보다 잠드는 과정에서 '내가 어떤 마음으로 기다려줬는가'입니다. 그 마음이 아이에게 분명하게 전해지기 때문입니다. 이 마음들이 쌓여 아이는 더 편안하게 잠들고, 엄마는 더 단단하게 하루를 살아가게 됩니다.

　수면 교육은 아이와 함께 살아가는 방식을 처음으로 연습하는 시간입니다. 결과를 조금 내려놓고 '나는 오늘 우리 아이와 어떤 마음으로 하루를 함께했는가'를 돌아보세요. 그 마음이 아이를 키우는 진짜 힘이 될 것입니다.

2. 아이를 통제하고 싶어질 때: 아이는 나와 다른 인격체라는 걸 기억해요.

아이가 잠을 잘 자지 않을 때 엄마는 자신도 모르게 '왜 내 마음대로 안 될까?' 하는 마음이 들곤 합니다. 내가 낳았고, 내가 먹이고 재우고 돌보고 있으니까 당연히 내 방식대로 따라올 거라고 생각하기 쉽습니다.

하지만 아이는 내 마음대로 움직여야 하는 존재가 아닙니다. 아직 말이 서툴러 표현을 울음이나 몸짓으로 하는 것뿐이며, 아이도 나처럼 자신의 리듬과 욕구를 가진 '한 사람'입니다.

엄마는 아이를 위해 모든 걸 해주고 싶고, 최대한 힘들지 않게 해주고 싶습니다. 그런데 그 마음이 깊어질수록 '엄마가 결정할 일'이 늘어난다고 느끼게 됩니다. 언제 자고, 먹고, 안아야 하는지 모두 내가 정해서 알려줘야 한다는 부담 때문에 아이의 울음은 자꾸 '예상 밖의 일'이 됩니다. 그러다 보면 어느 순간 '왜 내 말을 안 듣지?', '내가 뭘 잘못해서 이런가?' 하면서 자신을 탓하거나 아이를 통제하려는 마음이 생깁니다.

이때는 아이의 삶은 내 것이 아니라는 것을 꼭 기억하세요. 내 배에서 태어났지만, 태어난 순간부터 아이는 자신의 삶을 살아가는 존재입니다. 내가 설계한 삶을 따르게 하는 것이 아니라, 아이 스스로 길을 걸어갈 수 있게 지켜보고, 곁에서 함께하는 것이 엄마의 역할입니다.

수면 교육도 마찬가지입니다. '왜 안 자지?', '왜 벌써 일어나지?',

'왜 또 울지?'라는 질문에는 '내가 원하는 시간에 자야 해'라는 마음이 깔려 있습니다. 하지만 이때 '우리 아이는 지금 어떤 상태일까?', '어떤 신호를 보내고 있지?' 하고 그냥 바라보는 순간 비로소 아이를 있는 그대로 인정하고 존중하게 됩니다.

내 아이지만, 나와는 다른 인격체라는 걸 기억하고 아이를 '같이 살아가는 한 사람'으로 바라보세요. 그 시선의 변화는 아이의 삶뿐만 아니라, 엄마인 내 마음까지 가볍고 따뜻하게 만들어줄 겁니다.

3. 하루 흐름이 기준에서 벗어날 때: 아이의 리듬을 믿으세요.

수면 교육을 시작하면 수많은 정보와 기준을 접하게 됩니다. '몇 시에 자야 한다', '낮잠은 몇 시간 이상 자야 한다', '수유텀은 몇 시간이어야 한다' 이런 가이드라인은 혼란스러운 상황에서 중심을 잡아줄 수 있는 좋은 나침반이 됩니다.

하지만 이 기준이 '목표'가 되어버리면 아이가 보내는 신호를 놓칠 수 있습니다.

"왜 낮잠 시간이 됐는데 안 자지?"

"왜 울지? 수유 시간이 아직 안 됐는데…."

"왜 오늘은 30분밖에 못 잤지?"

이런 질문을 반복하다 보면 아이를 있는 그대로 바라보는 대신 '기준에서 벗어난 아이'로 느끼게 됩니다. 사실 아이의 수면은 아주 섬세한 '리듬'이고 이 리듬은 매일 변할 수 있습니다. 전날 얼마나 자극을 받았는지, 수면의 질이 어땠는지, 몸 상태나 기분 등 모든 것이 아이의 하루 흐름을 만듭니다. 그래서 중요한 것은 아이가 보내는 신호에 귀를 기울이고 그 흐름에 함께 맞춰가는 것입니다.

예를 들어 오늘 아이가 낮잠을 30분만 자고 깼다고 해서 '1시간은 자야 하는데 왜 이렇게 짧게 자고 일어났지?' 하고 조급해질 필요가 없습니다. 스스로 잠들 수 있다면 아이가 필요한 만큼만 자고 일어난 것일 수 있습니다.

스스로 잠드는 연습이 진행 중일 때는 '입면 시간이 길었구나. 아직은 진정하는 게 낯설지? 오늘은 여기까지도 충분해. 정말 잘했어!' 하고 아이를 바라보는 여유가 필요합니다. 물론 아직 스스로 잠드는 연습이 안 되어 있다면, 그 연습부터 시작해야 합니다.

아이의 신호를 얼마나 따뜻하게 읽어주느냐에 따라 수면은 서서히 자리를 잡아갑니다. 정해진 틀에 아이를 억지로 맞추기보다 매일 변하는 리듬 속에서 '우리 아이만의 하루 흐름'을 발견하는 여정으로 수면 교육을 다시 바라보세요. 그 과정에서 아이와 엄마가 서로 더 잘 이해하게 되고, 더 편안하게 하루를 함께 살아가게 될 겁니다. 기준은 어디까지나 방향일 뿐, 정답은 아이가 매일 보여주는 몸짓과 반응 속에 있습니다. 엄마는 그 흐름을 함께 발견해가는 따뜻한 동행자가 되어주면 됩니다.

4. 수면 교육이 너무 어렵게 느껴질 때: 낯선 것을 연습 중인 거예요.

수면 교육을 하다 보면 어렵고 고된 일을 하는 것처럼 느껴질 때가 있습니다.

'왜 자꾸 울지?'

'나는 왜 이렇게 못 기다려 주지?'

이렇게 느끼는 것이 너무 당연합니다. '익숙하지 않은 일을 연습하는 과정'이기 때문입니다. 지금 엄마와 아이는 둘 다 처음 해보는 일을 함께 경험해 나가고 있어요.

아이는 엄마 품에 안겨서만 자다가 스스로 진정하며 잠드는 새로운 방식을 연습하는 중입니다. 새로운 방식이 당연히 낯설 수밖에 없습니다. 아이에게는 스스로 진정하고 잠들 수 있는 능력이 있지만 그 능력을 꺼내 써볼 기회가 없었기 때문입니다.

하지만 이제는 아이가 본래 지닌 그 능력을 직접 발휘해 볼 때입니다. 한 번도 경험해보지 못한 낯선 과정을 조금씩 익숙하게 만들어가는 연습이 남아 있는 겁니다. 이것이 수면 교육의 스스로 잠들기 연습 과정입니다.

엄마는 어떨까요? 엄마도 마찬가지입니다. 아이가 잠울음을 터뜨릴 때 스스로 진정할 수 있도록 기회를 주는 일은 낯설고 조심스럽습니다. 그래서 처음에는 서툴고, 마음이 자꾸 흔들리는 것이 당연합니다. 누구나 익숙해지기까지 시간이 필요합니다.

처음 자전거를 탈 때를 떠올려보면 페달을 밟는 게 어색하고, 핸들은 마음처럼 움직이지 않습니다. 균형을 잃고 넘어지는 날에는 속상해서 '난 자전거랑 안 맞아'라는 생각이 들기도 합니다. 하지만 계속 시도하는 과정에서 5초, 10초… 혼자 중심을 잡는 시간이 늘어나다가 "어? 나 지금 혼자 자전거를 타고 있어!" 하는 기쁨의 순간이 옵니다. 연습하는 과정에서 몸이 기억하고, 두려움이 자신감으로 바뀌는 것입니다. 넘어진 경험만큼 균형 감각이 생기고, 주저했던 만큼 앞으로 나아갈 용기를 얻게 됩니다.

아이에게 처음으로 자전거 타는 방법을 알려주는 엄마 입장에서 생각해볼까요? 아이가 넘어질까 봐 조금만 흔들려도 깜짝 놀라 잡아줄 수도 있고, 아이가 무서워 우는 걸 보면서 '그만할까? 아직 일러서 무리인가?' 싶은 생각이 들었을지도 모릅니다.

하지만 엄마도 어느 순간 알게 됩니다. 계속 잡아주기만 하면, 아이가 혼자 균형 잡는 법을 배울 수 없다는 것을요. 그래서 뒤에서 지켜보며 필요한 만큼만 도와주게 됩니다. 결국 엄마는 넘어져도 다시 일어나는 걸 응원하게 되고, 아이는 무릎에 생긴 멍보다 혼자 페달을 밟은 그 순간을 더 크게 기억하게 됩니다.

수면도 자전거를 배우는 것과 같습니다. 스스로 자는 걸 처음 시도할 때 아이는 잠울음으로 자신을 달래고, 엄마는 조급한 마음과 싸우며 서로 다른 자리에서 연습을 합니다. 하지만 어느 순간부터 아이도 엄마도 조금씩 불안한 마음이 사라지고 편안해지게 됩니다. 아이는 우는 대신 손가락을 빨거나 뒹굴면서 스스로를 진정시키고, 엄마는 기다리는 그 시간에 한걸음 물러서 있게 됩니다.

이게 바로 낯선 것이 익숙해지는 과정입니다. 처음에는 흔들리지만, 결국은 두 손 놓고 달릴 수 있게 됩니다. 우리는 지금, 그 과정을 함께 건너고 있는 겁니다.

조금 느려도 괜찮습니다. 낯설었던 오늘이 내일은 훨씬 익숙해져 있을 겁니다. 엄마도 아이도 지금 아주 잘하고 있다는 걸 인정해 주세요. 나에게도 그리고 우리 아이에게도 낯선 경험이 익숙해질 수 있도록 기다려 주세요.

5. 한없이 도와주고 싶을 때: 아이는 이미 충분한 존재예요.

수면 교육을 시작하면 주변에서 흔히 이렇게 말하곤 합니다.

"애가 혼자 어떻게 자요?"

"잠은 엄마가 재워주는 거죠."

"아직 어려서 스스로 진정하는 건 무리예요."

이것은 아이를 '스스로 무언가를 하기에 부족한 존재'로 보아서 그렇습니다. 엄마의 시선은 아이에게도 그대로 전해져요. 엄마가 자신을 부족한 존재로 보면 아이도 자기를 '항상 도움이 필요한 존재'라고 믿게 됩니다. 반대로, 엄마가 아이를 '이미 충분한 잠재력을 가진 존재'라고 믿고 바라보면 아이는 자신을 그런 존재로 여길 수 있게 됩니다.

이탈리아 교육자 마리아 몬테소리(Maria Montessori)는 『흡수하는 정신』에서 '아이의 스승은 밖에 있지 않다. 아이 안에 이미 있다'고 말합니다. 정말 멋진 말입니다. 우리는 아이를 가르치는 사람들이 아니라, 그 내면의 힘이 발휘될 수 있도록 지켜보고 기회를 주는 사람들입니다.

수면 교육도 마찬가지입니다. 우리가 해야 할 일은 '재워주는 것'이 아니라 스스로 잠드는 힘을 꺼내 쓸 수 있도록 '기회를 주는 것'

입니다. 울면서도 스스로 진정하려 애쓰는 모습, 손가락을 입에 가져가는 작은 움직임, 뒤척이며 천천히 이완되는 모습은 모두 아이가 스스로 노력하는 과정입니다. 이 모습을 바라보면서 엄마가 이렇게 말해줄 수 있기를 바랍니다.

"지금도 충분히 잘하고 있어. 엄마는 네가 해낼 수 있다는 걸 믿어." 이 믿음이 아이의 마음속에도 자리 잡습니다. 아이는 점점 자신을 믿게 되고, 자신의 힘으로 삶을 살아가는 존재로 성장할 것입니다. 비록 조금 느리더라도, 그 여정 자체가 얼마나 놀랍고 멋진 일인지 엄마가 가장 먼저 알아보는 사람이 되어주세요.

6. 자신을 자꾸 탓하게 될 때: 실수는 실패가 아니에요.

수면 교육을 하다 보면 '기다려야 했는데, 또 바로 안았어', '이 타이밍이 아니었나봐. 입면이 너무 길어졌어', '젖을 물린 채 재우지 않으려고 했는데 결국 새벽에 비몽사몽 다시 줘버렸어' 이런 생각들로 자책하는 순간들이 있습니다.

특히 아이가 잠을 잘 못 자는 날이면, 가장 먼저 무너지는 건 엄마 마음입니다.

'내가 뭘 잘못했나?'

'오늘 하루가 너무 힘들었나?'

내 선택 하나하나가 아이의 수면을 좌우하는 것처럼 느껴져서 책임감이 곧 죄책감이 되어버리곤 합니다. 우리는 '실수 = 실패'라고 배워왔기 때문에 실수하는 자신을 용납하기가 어렵습니다.

아이를 향한 사랑이 클수록 '잘해주고 싶은 마음'도 커지기 때문에 실수에 대한 관대함이 없어지는 것입니다. 하지만 잘해주고 싶은 그 마음이 '나는 왜 이렇게 못하지?'로 바뀌는 순간, 엄마는 자신을 다그치게 되어 결국에는 마음의 여유와 아이를 바라보는 따뜻함도 잃게 됩니다.

이럴 땐 꼭 기억하세요. 우리는 지금 '연습 중'이라는 것을요! 수면 교육이라는 낯선 여정은 아이뿐 아니라 엄마에게도 처음이에요. 완벽할 수 없고, 오히려 '실수'하는 것이 당연한 것입니다.

걸음마를 배울 때도 아이는 수없이 넘어지며 걷는 법을 배웁니다. 한 번에 똑바로 걷는 아이는 단 한 명도 없어요. 수많은 넘어지고 다시 일어선 순간들이 쌓여서 비로소 '내 두 발로 앞으로 나아갈 수 있다'는 믿음이 생기는 겁니다.

수면 교육은 엄마의 걸음마 연습입니다. 수면 교육은 아이만의 연습이 아닙니다. 엄마도 처음 해보는 일입니다. 아이의 울음을 기다려주는 것, 결과보다 과정을 믿는 것, 감정을 다스리며 일관성을 지키는 것도 하나부터 열까지 전부 낯설고 처음인 일이잖아요. 처음부터 잘할 수 없고, 실수는 '성장으로 가는 자연스러운 과정'입니다. 아이도 수없이 넘어지며 걷는 법을 익히듯, 엄마도 수면 교육이라는 새로운 여정에서 조금씩 중심을 잡아가고 있는 거예요.

"오늘도 최선을 다했어. 내일 또 해보자", "이 모든 과정이 아이와 행복한 삶을 살아가는 과정이야!" 이런 말 한마디가 엄마 마음에 여유를 만들어주고, 그 여유가 아이에게도 안정감으로 전해집니다.

'나는 엄마로서 부족한 사람이야'가 아니라 '나는 엄마로서 자라고 있는 중이야'라는 따뜻한 시선으로 자신을 바라보세요.

실수를 겁내지 마세요! 아니, 실수를 줄이려고도 하지 마세요. 그 실수, 흔들림이 사실은 우리에게 꼭 필요한 연습이라는 것을 기억해야 합니다. 이런 시간이 쌓이면 잘 되지 않는 날조차도 아이와 함께하는 일상이 그 자체로 소중하다는 것을 깨닫게 됩니다.

7. 엄마 마음이 불안할 때: 나의 감정이 아이에게 전해져요.

아이의 수면 교육을 하다 보면 마음이 요동칠 때가 많아요.

'아이가 우는데, 그냥 두어도 괜찮을까?'

'밤에 이렇게 자주 깨는데 혹시 문제가 있는 건 아닐까?'

머리는 알고 있지만, 가슴은 불안하고 조급해질 때마다 기억하세요. 엄마의 마음은 아이에게 닿고 있습니다. 이것은 단순한 감정이입이 아니라, 뇌과학적으로도 설명되는 현상입니다.

엄마와 아이는 서로의 감정을 '공명'합니다. 아이는 엄마의 말보다 엄마의 '느낌'을 먼저 배웁니다. 엄마가 긴장하면 아이도 긴장하고, 엄마가 편안하면 아이도 편안해집니다. 사람의 뇌 안에는 '거울뉴런(mirror neurons)'이라는 시스템이 있는데, 이건 타인의 감정이나 행동을 보면 마치 내가 직접 그걸 느끼는 것처럼 뇌가 반응하는 구조입니다. 그래서 수면 교육에서 '엄마의 안정'이 가장 먼저입니다. 아이는 엄마가 웃으면 웃고, 엄마가 불안하면 그 감정을 고스란히 따라 느끼게 됩니다.

아이가 잠을 잘 못 자는 날도 있습니다. 울음이 평소보다 오래 갈 수도 있고, 평소에는 잘 참았던 5분이 오늘은 50분처럼 유독 길게 느껴질 수도 있습니다. 이때는 먼저 엄마의 마음을 진정시키세요. 심호흡을 하거나 아주 짧게 명상을 해도 좋습니다.

엄마가 자신을 믿고, 아이를 믿고, 지금 이 시간을 믿으면 그 편안한 마음이 아이에게도 자연스럽게 전해집니다. 말보다 먼저 도착하는 감정의 언어로요. 아이를 편안하게 만들려고 애쓰지 않아도 됩니다. 엄마가 편안하면, 아이도 따라 편안해집니다. 그게 우리가 만들어갈 수 있는 가장 따뜻한 수면 환경입니다.

8. 육아가 너무 버겁고 지칠 때: 나의 행복이 아이에게도 전해져요.

엄마들은 흔히 이렇게 말합니다.

"아이가 잘 먹고, 잘 자고, 잘 웃으면 그게 제일 행복해요."

그 말이 맞습니다. 그런데 한 가지, 엄마들은 정말 중요한 걸 자주 잊곤 해요.

"엄마의 행복이 아이에게 가장 큰 선물이다."

이 말은 뇌과학적으로도 설명할 수 있는 사실입니다. 아이는 말로 설명하지 않아도 엄마의 표정, 목소리, 기분, 온도를 통해 엄마가 어떤 상태인지 섬세하게 느끼고 따르게 됩니다. '정서적 동기화(emotional attunement)'라는 작용 때문이에요. 엄마가 여유 있고, 편안하고, 즐거우면 아이도 그 감정에 동기화가 됩니다. 엄마가 초조하고 불안하면, 아이도 함께 긴장하게 됩니다.

아이를 위해서 무엇이든 다 해주려는 마음도 물론 소중하지만, 그보다 더 큰 선물은 '행복한 엄마의 모습'입니다. 나를 너무 바짝 조이기보다 아이가 웃을 때 나도 진심으로 웃을 수 있는 여유, 오늘 하루 내가 나답게 숨 쉬었다는 감각이 진짜 힘이 됩니다.

내가 아이에게 모든 걸 '해줘야 한다'고 생각하면 금세 지치고, 웃음이 사라지기 쉬워요. 반대로 내가 먼저 웃고, 만족스럽게 살아가면 그 웃음이 아이에게 자연스럽게 흘러넘치게 됩니다. 아이에게 가장 좋은 육아 환경은 '잘 정리된 아이방과 놀이공간'이 아니라 '엄마의 안정된 마음'입니다.

오늘 하루, 아이에게 해준 것만큼 자신에게도 해주었나요? 따뜻한 차 한 잔을 천천히 마시는 시간, 좋아하는 음악 한 곡을 듣는 시간, 하루를 잘 살았다고 나 자신을 다정하게 다독여주는 것은 이기적인 게 아니라, 오히려 아이를 위한 진짜 배려입니다.

엄마의 행복이 아이의 행복이라는 것은 틀림없는 사실입니다. 지금 이 순간, 엄마가 조금 더 여유롭고, 조금 더 기분 좋은 하루를 살아가기를 바랍니다. 그게 아이에게도 가장 큰 선물이 될 거예요!

9. 결과가 아닌 과정을 칭찬해주고 싶을 때

수면 교육 코칭을 하다 보면 엄마들이 종종 이런 질문을 합니다. "결과보다 과정을 칭찬하라고 하는데 구체적으로 어떻게 해줘야 하나요?"

질문에 대한 답은 생각보다 단순합니다. '과정을 칭찬하는 법'의 핵심은 아이를 바라보는 엄마의 마음입니다. 예를 들어 마음속에 '우리 아이는 공부를 잘해야 해', '잘 못하면 안 돼'라는 기준이 확고하면 아무리 엄마가 따뜻하게 말해도 아이는 '내가 공부를 잘해야 엄마가 날 좋아하는구나' 하고 느끼게 됩니다. 결국에는 '공부를 못하면, 나는 괜찮지 않은 사람이구나' 하는 감각으로 이어질 수 있습니다.

그래서 무엇보다 중요한 건 마음속 기준을 다르게 세우는 것입니다.

'우리 아이는 공부를 잘하든 못하든 어떤 모습이어도 충분해.'

'지금 우리 아이가 잠을 잘 못 잔다고 해서 아이의 소중함이 달라지는 것은 아니야.'

아이의 행동은 교정이 필요할 수 있지만, 아이의 존귀함 자체에는 어떤 문제도 없다는 걸 반드시 기억해야 합니다. 이런 마음으로 아이를 바라볼 때 엄마는 과정 자체를 인정하고 칭찬할 수 있는 말이 자연스럽게 나오고, 아이는 존재에 대한 자존감이 생깁니다. 예를 들어볼게요.

> **예시** **스스로 잠들기 연습 과정에서**

아이가 혼자 잠들기 연습을 하다가 결국은 안겨서 잠들었습니다. 많은 엄마들이 이렇게 말합니다.

"오늘 혼자 잠들진 못했지만, 정말 많이 애썼어. 내일은 더 연습해서 스스로 자보자!"

결과를 직접적으로 언급하지 않았고, 표현도 따뜻하지만 마음속에는 여전히 '혼자 잠들었으면 더 좋았을 텐데'라는 기준이 깔려 있습니다. '잘하긴 했지만, 그래도 결국은 못해냈네' 같은 미세한 뉘앙스를 아이는 금방 감지할 수 있습니다.

이때는 아이의 행동을 그대로 읽어주세요.

"네가 침대에 누웠을 때 손가락을 빨고, 눈을 꼭 감고 진정하려고 노력하는 걸 봤어. 진정이 잘 안 돼도 포기하지 않는 모습이 감동적이었어. 네가 정말 멋지다고 생각해!"

이렇게 아이의 시도와 노력 그 자체를 읽어주고, 격려해주면 됩니다. 이런 말을 들은 아이는 '내가 노력한 시간이 소중했구나' 하는 감각을 자연스럽게 가지게 됩니다.

10. 스스로 잠들기 완성 후 꼭 읽어주세요!

수면 교육을 마친 뒤, 엄마들에게 가장 자주 나타나는 모습 중 하나는 하루 일과표를 조금도 어기지 않으려는 모습입니다. 그 결과, 가정 내 모든 일정이 아이의 수면에만 맞춰지는 경우도 생깁니다.

수면연관을 끊고, 울음을 기다려주고, 진정을 도우며 흘린 눈물과 땀의 시간이 있었기에 지금의 안정된 하루가 있다는 것을 잘 알고 있습니다. 그렇기 때문에 그 균형이 깨질까 걱정되는 마음, 충분히 이해합니다.

아이의 낮잠이 조금 늦어지거나, 수유 시간이 밀리면 불안해지고 다시 예전으로 돌아갈까 봐 걱정되기도 합니다.

하지만 수면은 삶의 '전부'가 아니라, 삶을 살아가기 위한 중요한 '기반 중 하나'이라는 것을 분명히 기억해야 합니다. 이제는 수면 교육을 삶에 맞추는 것이 아니라, 삶 속에서 수면의 자리를 자연스럽게 찾아가야 합니다.

수면에만 계속 집중하다 보면 가족과의 시간, 아이의 웃음, 오늘 하루 함께 보낸 따뜻한 순간들은 놓치기 쉬워집니다. 수면의 안정이 가져다준 여유가 오히려 불안으로 바뀌지 않도록, 이제는 하루 전체를 바라보고 시야를 넓혀야 할 때입니다.

스스로 잠드는 힘이 생겼다면, 이제는 조금씩 일상을 확장해갈 용기가 필요한 시점입니다. 오전에 외출도 해보고, 주말에는 가족과 나들이도 가보고, 할머니 집에 가는 일정도 시도해 보세요. 초반에는 낮잠 시간이 어긋날 수도 있고, 한두 번은 다시 안아서 재워야 할 수도 있지만 괜찮아요. 스스로 잠들 수 있는 힘이 생겼다면, 한두 번의 흔들림은 아이도 엄마도 충분히 회복할 수 있습니다.

수면 교육은 '제약'이 아니라 '기반'을 만드는 일입니다. 아이가 더 넓은 세상을 경험할 수 있도록, 이제는 수면 중심의 하루를 '삶 중심의 하루'로 전환해 주세요. 아이에게도 엄마에게도 더 큰 세상이 기다리고 있어요!

완벽하지 않아도 괜찮아요. 가볍게 한 걸음씩 나아가면 됩니다.

노력하고 있는 것만으로도 우리는 이미 멋진 엄마입니다.

대한민국 모든 엄마와 아이들의 행복한 일상을 응원합니다!

0~2세 수면 습관의 힘

1판 1쇄 발행 2025년 6월 23일

지은이   김주하
발행인   오영진 김진갑
발행처   (주)심야책방

책임편집   박수진
기획편집   유인경 박민희 박은화 김예은
디자인팀   김현주 강재준
마케팅   박시현 박준서 김승겸 김수연 박가영
경영지원   이혜선

출판등록   2006년 1월 11일 제313-2006-15호
주소   서울시 마포구 월드컵북로5가길 12 서교빌딩 2층
원고 투고 및 독자 문의   midnightbookstore@naver.com
전화   02-332-3310 팩스 02-332-7741
블로그   blog.naver.com/midnightbookstore
페이스북   www.facebook.com/tornadobook
인스타그램   @tornadobooks

ISBN 979-11-5873-341-4 (13590)

이 책은 저작권법에 따라 보호를 받는 저작물이므로 무단전재와 무단복제를 금하며, 이 책 내용의 전부 또는 일부를 사용하려면 반드시 저작권자와 (주)심야책방의 서면 동의를 받아야 합니다.

잘못되거나 파손된 책은 구입하신 서점에서 교환해드립니다.
책값은 뒤표지에 있습니다.